看世界

影响世界文明进程的 25个城市

[英]特蕾西·特纳　[英]安德鲁·唐金 著
[美]莉比·范德·普勒格 绘　毛蒙莎 译

中信出版集团｜北京

献给通晓多种语言的天才多面手托比·巴特斯比。

——特蕾西·特纳

献给未来的历史学家莱克茜·唐金。

——安德鲁·唐金

献给多次带我自驾游的爸爸和妈妈，是你们在一次旅途中将我人生中的第一本交通地图册交到我手上，使我从此迷上了地图；献给埃里克，你是我探索世界的最佳伴侣。

——莉比·范德·普勒格

图书在版编目（CIP）数据

看世界：影响世界文明进程的25个城市 /（英）特蕾西·特纳，（英）安德鲁·唐金著；（美）莉比·范德·普勒格绘；毛蒙莎译. -- 北京：中信出版社，2022.12

书名原文：British Museum: A History of the World in 25 Cities

ISBN 978-7-5217-4517-7

Ⅰ.①看… Ⅱ.①特…②安…③莉…④毛… Ⅲ.①城市史－世界－少儿读物 Ⅳ.①K915-49

中国版本图书馆CIP数据核字（2022）第111463号

British Museum: A History of the World in 25 Cities
Text Copyright © Tracey Turner and Andrew Donkin 2020
Illustration Copyright © Libby Vanderploeg 2020
Copyright licensed by Nosy Crow Ltd.
Simplified Chinese translation copyright © 2022 by CITIC Press Corporation
ALL RIGHTS RESERVED

本书仅限中国大陆地区发行销售

看世界：影响世界文明进程的25个城市

著　者：[英]特蕾西·特纳　[英]安德鲁·唐金
绘　者：[美]莉比·范德·普勒格
译　者：毛蒙莎
出版发行：中信出版集团股份有限公司
　　　　　（北京市朝阳区惠新东街甲4号富盛大厦2座　邮编　100029）
承　印　者：北京富诚彩色印刷有限公司

开　本：889mm×1194mm　1/12　　印　张：9$\frac{1}{3}$　　字　数：180千字
版　次：2022年12月第1版　　　　　印　次：2022年12月第1次印刷
京权图字：01-2022-3011　　　　　　审 图 号：GS京（2022）0320号
本书插图系原书插图
书　号：ISBN 978-7-5217-4517-7
定　价：72.00元

版权所有·侵权必究
如有印刷、装订问题，本公司负责调换。
服务热线：400-600-8099
投稿邮箱：author@citicpub.com

目录

时间	城市	时期	页码
	城市	有关人类历史的故事	2
约公元前8500年	埃里哈	早期人类社会	4
约公元前12世纪	孟斐斯	古埃及时期	8
约公元前5世纪	雅典	古希腊时期	12
约公元前208年	咸阳	秦王朝	16
1—2世纪	罗马	罗马帝国	20
约6世纪	君士坦丁堡	东罗马帝国	24
约9世纪	巴格达	阿拉伯帝国黄金时代	28
约940年	约克	维京时代	32
约15世纪	北京	明王朝	36
约15世纪	格拉纳达	格拉纳达王国	40
15—16世纪	威尼斯	资本主义萌芽时期	44
16世纪	贝宁城	西非强盛时期	48
15—16世纪	库斯科	印加帝国	52
1520年前后	特诺奇蒂特兰城	阿兹特克帝国	56
约1660年	德里	印度莫卧儿王朝	60
17世纪70年代	阿姆斯特丹	大航海时代	64
1789年	巴黎	法国大革命	68
1836年	悉尼	殖民时代	72
1850年	曼谷	泰国曼谷王朝	76
1880年	伦敦	第二次工业革命	80
1917年	圣彼得堡	俄国十月革命	84
1931年	纽约	美国大萧条时期	88
1964年	柏林	冷战时期	92
21世纪初	旧金山	科技时代	96
今天	东京	多元化时代	100
	今天的城市		104
	未来的城市		106
	词语表		108
	致谢		110

苏格拉底

秦始皇

狄奥多拉皇后

奥佐卢阿

蒙特苏马二世

城市

有关人类历史的故事

城市充满了各种可能性。它们是重大创意的诞生地，因为它们有来自四面八方的人，让人们聚在一起生活和工作，交流技艺、发明和思想。人类已经在城市居住了数千年，如今，越来越多的人选择来到城市生活。

本书中的25个城市共同向我们讲述了人类的生活史。我们要参观的第一个城市是位于中东的古城埃里哈。10 000多年前，当地球上还几乎不存在城市的时候，就已经有大约2 000人在此居住。我们最后参观的是一个现代城市——日本的首都东京。东京首都圈生活着超过3 800万人口，是世界上人口最多的都市圈。如今，世界上超过半数的人都居住在城市里。

战争和革命、强大帝国的兴衰、全球范围内的人口迁徙……我们将要参观的所有城市都有着引人入胜的故事，每个城市都独一无二、令人兴奋。翻开书页，你会被带到古希腊的雅典（那是世界上最早的民主政体之一的诞生地）、大明王朝时期的北京、法国大革命时期的巴黎（拥挤的贫民窟里酝酿着革命）……你将了解到，在这些不同的时空里，人们的日常生活是什么样的。

这些城市中的一些如今依旧欣欣向荣——比如仍有许多2 000年前建筑的现代罗马城。

另一些城市只剩下残垣断壁（如印加帝国的首都库斯科），或者已消失在大漠的沙石之下（如古埃及的孟斐斯）。还有一些隐藏于在古城废墟上建起来的现代城市底下，比如特诺奇蒂特兰城的庙宇和金字塔就埋藏在现代墨西哥城的地下，而中国秦朝都城咸阳的美丽宫殿则已被摧毁。不过，你仍然可以在本书中重返往昔，去参观这些城市。

发现之旅 精彩预告

一座拥有众多宫殿和庙宇的山城，城市的整体形态被设计成美洲狮的形状。

一座由许多岛屿组成的城市，岛屿之间靠桥梁连接，人们利用运河而不是街道出行。

一座位于雨林深处、在漂亮的黄铜雕饰映衬下熠熠生辉的城市。

曾是一座皇家宫殿，现在是一个向公众开放的博物馆。

我们还将看一看未来的城市可能会是什么样子。或许它们会被打造得更有利于野生动植物生存，会使用可持续能源，会让建筑物表面布满生机勃勃的绿色植物。

准备好迎接一段美妙的旅程吧。你将穿越若干世纪，跨越整个地球，在25座令人惊叹的城市中漫步，在人类的漫长历史中旅行。

马可·波罗

邦加瑞

玛丽·安托瓦内特

维多利亚女王

佐拉·尼尔·赫斯顿

埃里哈

约公元前 8500 年

埃里哈位于中东，是世界上最古老的城市。在这座最早的城镇出现之前，人们四处迁徙，生活在一个个小群体中，通过猎杀动物和采集植物来养活自己。随着人们逐渐学会种植庄稼、饲养动物和储存食物，这些小群体开始在这个地方聚居，并最终形成了城镇。

沙漠

塔

这座塔可能曾被用作瞭望哨所。它至少有两层楼高，内部有22级石阶，这是世界上已知的最古老的位于建筑物内部的楼梯。

房屋

埃里哈最早的房屋大约建于公元前10000年，形状呈圆形，是用晒干的黏土和稻草建成的。大约过了1500年，房屋的形状变为长方形，改用泥砖建造，并且拥有石质地基。

庭院

庭院是人们生火做饭的地方，一间间屋子围绕庭院排列。

城墙

围绕城市而建的城墙能将入侵者挡在城外。埃里哈的城墙曾多次被重建。最初的那些城墙大约始建于公元前9000年，这也是已知历史上最早的城墙之一。

埃里哈的生活

人类可能在埃里哈生活了12 000年或更久，时间超过世界上的任何其他城市，而且那里如今仍然有一座同名城市存在。在最早的时候，埃里哈的生活是什么样的呢？

早期的社会

大约在10 000年前，埃里哈的房屋是用晒干的泥砖建造的。家庭生活基本上在最大的那个房间里展开，小一些的房间可能被用作卧室或储藏室。人们纺线织布做衣服，用石头制成的工具收割庄稼和猎杀动物。由于在同一个城市中居住，不同的人开始逐渐从事不同的职业，成为农民、工匠、士兵、神职人员或商人。

丧葬仪式

埃里哈的早期居民通常会将死去的人埋葬，有时甚至埋在自家的房屋底下。在某些情况下，死者的头骨会被单独存放。有些头骨会被抹上石膏，眼部嵌入贝壳，逼真地呈现出逝者生前的面容。这些头骨可能会被陈列起来，使人们在家人离世后依然能记得他们的长相。

-------- 1947年11月联合国安理会决议所规定的"犹太国"（以色列）疆域

×××××× 1949年巴勒斯坦地区以色列和阿拉伯国家的停战界线

城墙

为了保证自身的安全，埃里哈的居民修建了环绕城市的巨型石墙和一座瞭望塔（比古埃及金字塔建成的时间约早了6 000年）。由于遭受攻击、年久失修以及在地震中受损（至少有过一次），埃里哈的城墙曾多次被重建。

埃里哈数字档案

埃里哈城墙被重建的次数：约 **20** 次

埃里哈最早有人居住距今已有：约 **11 000** 年

9000年前的儿童

埃里哈存在的最初几千年里，没有出现任何文字。没有学校，也没有老师。儿童从和他们一起生活的人那里学习一切。有些婴儿的头部似乎会被紧紧地包缠起来，以便在成长过程中改变头型。我们是从发现的几个头骨中得知这一点的，但我们并不清楚当时的人们究竟为什么要这么做。或许，他们认为这样会使孩子看起来更漂亮！

悠久的历史

约公元前9000年
第一批人在埃里哈定居。

约公元前8500年
人们用晒干的泥砖建造房屋，还制作石膏头骨。

公元前1900年—公元前1550年
青铜时代：迦南人驾着双轮马车来到埃里哈，并在此定居。

公元前1700年—公元前1550年
埃里哈被两道城墙环绕。

公元前1550年
埃里哈在一次地震中被毁。

公元前700年
亚述人开始统治埃里哈。在这之后是波斯人和古罗马人。

7世纪
埃里哈属于阿拉伯帝国的一部分。

16世纪—20世纪
埃里哈古城逐渐衰落。

如今
现代城市埃里哈距离埃里哈古城约2千米。

埃里哈古城在公元前8500年的人口数：约 **2 000** 人

埃里哈如今的人口数：约 **20 000** 人

孟斐斯

约公元前 12 世纪

孟斐斯作为上、下埃及统一时建立的新首都，在长达3 000年的时间里都是古埃及最大、最重要的城市之一。这座城市最初被称为"因布·赫杰"（意思是"白城"），得名于城中刷着白色石膏的泥砖宫殿在沙漠中发出耀眼的光芒。孟斐斯城内有许多作坊和仓库，据说这座城市受到工匠们的守护神普塔的护佑。

乔塞尔阶梯金字塔

这座金字塔坐落在孟斐斯的西北方向。它大约建于公元前2620年，是法老乔塞尔的陵墓。

↑ 向北20千米

吉萨金字塔

埃及最大的三座金字塔都坐落在孟斐斯以北20千米的吉萨市附近。它们大约建于公元前2500年，数以万计的劳工用了几十年时间才将它们建好。最大的那座被称为"大金字塔"（又称"胡夫金字塔"），修建它用了超过200万块石块。三座金字塔的最外层都是明亮的白色石灰岩，顶部都有一个金色的"帽子"。守卫着这些金字塔的是著名的斯芬克斯——一座用石头雕成的巨型狮身人面像。

塞加拉墓地

这个规模庞大的墓地里有许多墓穴、庙宇和金字塔。墓地名字（The Necropolis of Saqqara）中的"Necropolis"一词，意思是"死者之城"。

仓库

沙漠的边缘地带

城外荒芜的沙漠里有金矿。

运河网络

这个水路网是为运输和防御而设计的，它同时也为灌溉庄稼提供了水源。

作坊

孟斐斯的生活

在长达数千年的时间里，孟斐斯都是古埃及最大和最重要的城市之一。不过，令人有些不可思议的是，在其漫长的历史中，这座城市竟然一点点地挪动着位置。随着浩荡的尼罗河的改道，城市的有些部分遭到废弃，新的区域被建起来，整座城市逐渐向东迁移。孟斐斯城如今已不复存在。在这座强大的贸易城市曾经所在的土地上，兴起了若干现代小村庄，孟斐斯的大部分遗迹就埋藏在这些村庄底下。

家庭生活

家庭是古埃及社会最重要的组成部分。大多数男孩会在18岁前结婚，女孩则差不多在14岁前结婚。与当时的其他许多地方不同，在古埃及社会中，男人和女人的地位几乎是平等的。人们认为，有些女孩可能跟男孩一样，也学习过如何阅读象形文字（一种构成古埃及文字的图形符号）。

孟斐斯 / 埃及

尼罗河

与古埃及的其他地区一样，孟斐斯也依靠尼罗河来获取供人饮用的淡水和用来灌溉庄稼的水。每年7月，河水开始泛滥，汛期结束后，农田会变得十分肥沃和多产。尼罗河还被用来运送人和货物。这种运输方式相当便捷，不过，你得密切留意那些具有攻击性的河马和饥肠辘辘的鳄鱼。

贸易之国

埃及人用他们的货物从其他商人那里换取自己想要的东西。来自孟斐斯的商人与东边的其他中东国家以及南边的其他非洲国家开展贸易，还航行到地中海的另一端从事贸易活动。孟斐斯是古代世界最富裕的城市之一，部分原因在于东边沙漠中的金矿财富源源不断地流入这座城市。

法老的统治

在埃及，法老是拥有绝对权力的统治者。他（极少数情况下是"她"）制定法律，征税，拥有全部的土地，同时负责保护人们免受战争和侵略者的伤害。法老被视作神一般的存在，通常会与同父同母、同父异母或者同母异父的姐妹（或兄弟）结婚，以保证血统的"纯正"。法老通常有很多孩子。据记载，拉美西斯二世总共有156个孩子！

神灵

埃及人信奉2000多位神灵，其中许多被描绘成半人半兽的形象。最重要的神灵是太阳神拉。

埃及人相信，每到黄昏，伴着渐渐暗下来的天色，拉都会被天空女神努特吞噬。拉用整夜时间穿越冥界，这样便能在黎明时重生。在古埃及，每家每户都有一个小小的神龛，全家人每天都会在这里敬拜神灵。

死后的生活

埃及人相信，通过保存死者的尸体，可以确保那个人的灵魂在来世继续存在。为此，他们会把死者的尸体制成木乃伊。在制作木乃伊的过程中，死者的内脏（心脏除外）会被移除，尸身会被抹上泡碱，放置40天后晾干，然后塞入填充物并用绷带裹缠起来。

孟斐斯
数字档案

统治过古埃及的法老人数：

约 **170** 人

孟斐斯存在的时间长度：

约 **3 500** 年

孟斐斯在公元前1200年前后的人口数：

约 **30 000** 人

孟斐斯如今的人口数：

0 人

雅典

约公元前 5 世纪

在古希腊，城市及其周边地区形成了一个个独立的小区域，称作"城邦"。公元前5世纪时，雅典是最富裕、最强大的古希腊城邦之一。大约在2 500年前，古代雅典人建立起一种新的管理方式，发明了民主政体，让每个成年男性公民都有充分发表自己意见的机会。

卫城

这座可以俯瞰雅典的山丘上的城被称为"卫城"，意思是"高地之城"。

伊利索斯河

雅典娜像

在希腊神话中，雅典娜是众神之王宙斯的女儿。她是掌管战争的女神，也是雅典的守护神。

农田

雅典的农作物主要是谷物、橄榄和葡萄，城市附近还有大理石采石场和银矿。

雅典的生活

雅典这座城市已经存在了数千年。在公元前5世纪"黄金时代"的雅典,城市生活与如今大不相同。

希腊 / 雅典

并非人人都享有权利

只有当你是一个成年男人,并且不是外国人或奴隶时,你才可以成为雅典公民并参与雅典的管理事务。所以,尽管这是最早的民主政体,却并不十分公平。在古代的雅典,女性不能参与政治,也不能拥有财产,假如一个女人来自富裕的家庭,那她甚至不能独自出门。

生活在雅典的人中,超过四分之一是奴隶,其中包括警察、仆从,以及农场、矿场、采石场的劳工。你可能生来就是奴隶,也有可能因为在战争中被俘而沦为奴隶。奴隶没有任何权利,他们的生活完全被主人掌控着。

神灵

古希腊人崇拜许多神灵。他们认为,最重要的神灵都住在离雅典很远的一座北方高山——奥林匹斯山上。这里列出的只是希腊神话中的几位主要神明。

宙斯 主神 | 赫拉 天后 | 阿芙洛狄忒 爱神 | 阿波罗 太阳神 | 波塞冬 海神 | 雅典娜 智慧和战争女神 | 哈得斯 冥王

雅典数字档案

建造帕特农神庙所需大理石的重量:
约 **100 000** 吨

雅典的公民人数:
约 **30 000** 人

女孩和男孩

在富裕的家庭中，儿童跟他们的母亲一起住在女性的房间里，与男性分隔开来。儿童的玩具包括秋千、跷跷板和溜溜球。

到了7岁，富裕家庭的男孩会被送去上学，学习数学、读写、体育和音乐。女孩们不上学，而是待在家里，学习如何纺线、织布、做针线活和照顾儿童。贫穷家庭的男孩也不上学，而是与女孩们一道，跟随父母一起干活。

年满18岁的年轻男子要接受为期两年的军事训练。雅典经常处于战争状态，每个年龄在20岁至50岁之间的公民都有可能被征召入伍参加战斗，或是去雅典的边境巡逻。

名字的意义

在古代的雅典，人们会给女孩起"吕西玛刻"或"塞里斯"这样的名字，给男孩起"斯特法诺斯"或"塞奥姆奈斯托斯"这样的名字。尽管如此，在日常生活中，人们几乎从来不直接叫女性的真名，而是常常把她们称为某个男性的女儿、妻子或姐妹。

你好 我的名字叫 **吕西玛刻**

★ 著名人士 ★

由于奴隶们承担了所有艰苦的工作，一些雅典人便有了思考和写作的时间。

据说，苏格拉底是石匠和接生婆的儿子，但他成了历史上最著名的哲学家之一。不幸的是，有些人并不喜欢他的思想。他被指控腐化年轻人，并被判处用毒药处死。

苏格拉底

希腊士兵

斯巴达士兵

一个时代的终结

雅典所在的古希腊与波斯打了50年的仗（最后古希腊获胜）。后来，雅典与另一个古希腊城邦斯巴达之间爆发战争。公元前404年，斯巴达获胜，雅典从此失去了往日的强盛。

雅典城的总人口数：
约 **300 000** 人

雅典及其周边地区如今的人口数：
约 **3 750 000** 人

咸阳

约公元前 208 年

春秋战国时期的中国，各诸侯国之间经常发生战争，直到公元前221年，秦始皇统一中国，成为中国历史上的第一位皇帝。他将咸阳城打造成了秦王朝的宏伟都城。

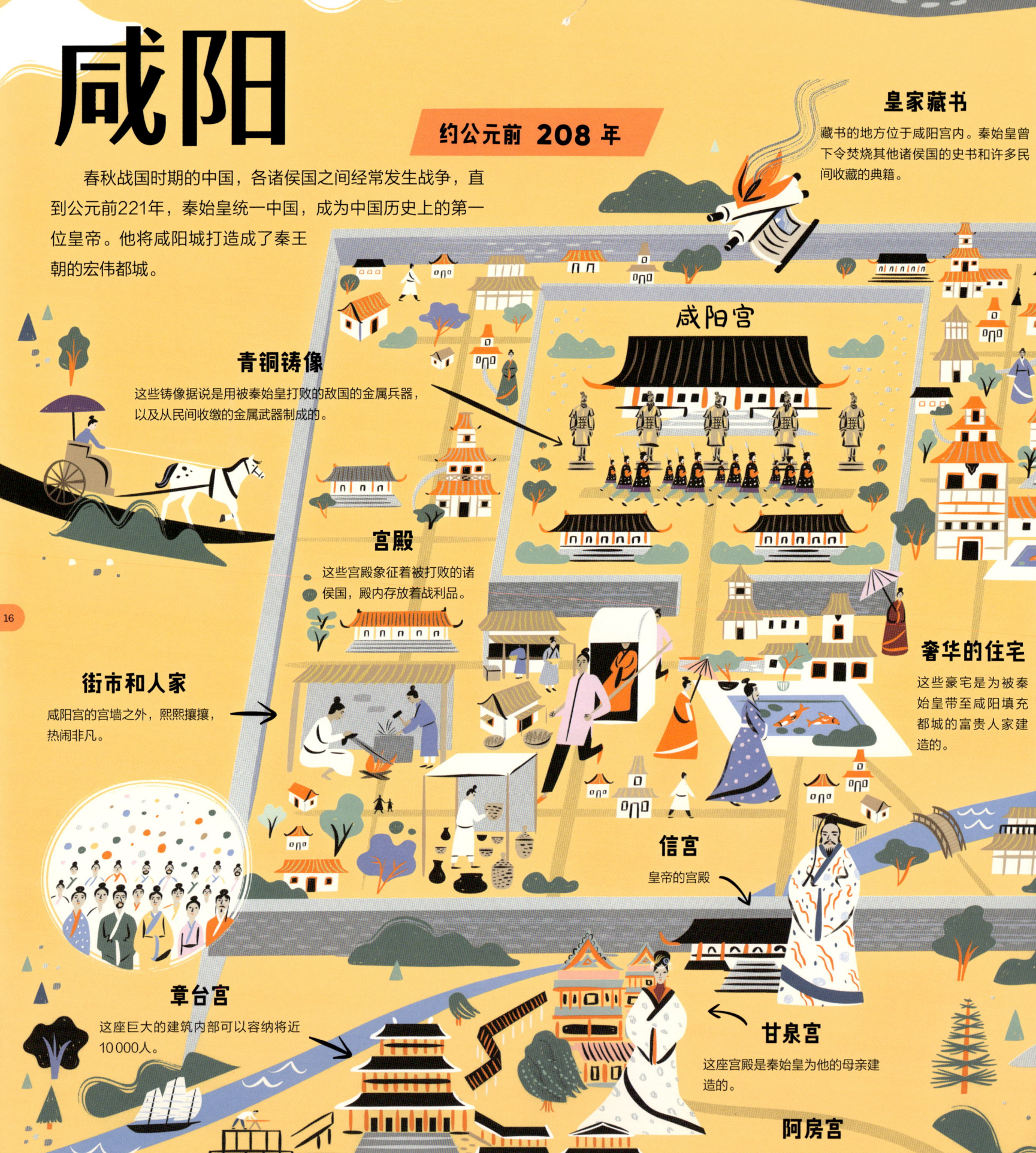

皇家藏书
藏书的地方位于咸阳宫内。秦始皇曾下令焚烧其他诸侯国的史书和许多民间收藏的典籍。

青铜铸像
这些铸像据说是用被秦始皇打败的敌国的金属兵器，以及从民间收缴的金属武器制成的。

宫殿
这些宫殿象征着被打败的诸侯国，殿内存放着战利品。

奢华的住宅
这些豪宅是为被秦始皇带至咸阳填充都城的富贵人家建造的。

街市和人家
咸阳宫的宫墙之外，熙熙攘攘，热闹非凡。

信宫
皇帝的宫殿

章台宫
这座巨大的建筑内部可以容纳将近10 000人。

甘泉宫
这座宫殿是秦始皇为他的母亲建造的。

阿房宫
按照计划，这片巨大的建筑工地上将建起秦始皇的新宫。

咸阳数字档案

秦始皇陵地宫的面积：

170 米长
X
145 米宽

兵马俑的数量：

8 000 多名战士

150 多匹战马

以及

130 多辆马车

咸阳在公元前208年的人口数：
约
600 000 人

如今当地的人口数：
约
4 000 000 人

咸阳的生活

中国历史上第一个统一王朝的都城中，那些宏伟的宫殿只留下为数不多的遗址，但一支埋藏在地下的兵马俑军队和一座独特的陵墓地宫，却使我们得以窥见两千多年前古代中国的生活。

秦朝时期的房屋

秦始皇住在巨大而奢华的宫殿里。富豪和贵族同样住在漂亮的宅邸里，他们中的许多人是被迫搬到咸阳的，因为秦始皇需要用这一招来巩固自己的统治。

当时只有富有且有一定地位的人才可以穿丝绸衣服——就连卖丝绸的商人也不被允许将丝绸穿在身上。无论男女都留着长发（将其挽起或绑起），因为人们认为头发得自父母，若是剪短就违背了礼制。

秦朝的百姓都要服徭役，他们被组织起来，为秦始皇修建驰道、运河、长城等大型工程。

中国第一位皇帝的陵墓

秦始皇死于公元前210年,没有人确切地知道他那巨大的陵墓里有些什么,但人们认为里面修建有他生前居住的宫殿的复制品,地宫的天花板上还绘有天上的星宿。为了保护陵墓不受盗墓者侵扰,墓中可能设有机关,比如当有人闯入时会触发机关射出弓箭。

用陶土打造的军队

秦始皇命人打造了一支用来守卫他的陵墓并在另一个世界为他服务的真人大小的陶俑军队。这支军队由数千彩绘的战士、马车和马匹陶俑组成。这些兵马俑被埋藏和遗忘了多个世纪,直到1974年被几个农民发现才重见天日。

秦始皇

★ 著名人士 ★

秦始皇年仅13岁就成了秦国的统治者。独揽大权后,他又用9年时间征服了其他6个诸侯国,于公元前221年建立了自己的庞大帝国。他统一度量衡和货币,建立了新的中央集权制度,还竖碑刻石,纪念自己一统中国的功绩。

一个时代的终结

秦朝只延续了短短15年时间。因咸阳的宫殿多被毁坏,汉朝接替秦朝后,将都城迁至长安。

罗马

1—2 世纪

意大利的罗马曾经统治着一个疆域从非洲沙漠延伸至寒冷的不列颠北部的强大帝国，被称为"世界之都"，它在长达1 000多年的时间里都是地中海地区最重要的城市。

万神殿
这座带有穹顶的巨大建筑专门被用来敬拜罗马的所有神灵。

卡比托利欧山

韦斯巴芗神庙

庞培剧院

阿波罗神庙

档案室
罗马的记事厅。

朱庇特神庙
将军们会来这里感谢朱庇特神保佑他们在战争中获胜。

人们利用长长的台伯河运送食物等货物。台伯河还带走了城市的污水。

台伯河

埃斯库拉庇乌斯神庙

塞尔维乌斯城墙

着火了！着火了！

罗马是一座十分拥挤的城市，铺得不够平整的路面上潜伏着许多危险。罗马城的警卫还兼任消防员，法律规定每家每户都要备有消防器材。在这座人口密集的城市里，发生火灾的风险就是如此之大！

公共厕所

公共厕所里没有私密的小隔间，人们也不用厕纸，而是用绑在棍子上的海绵。

图拉真纪念柱

图拉真市场

马尔恰水渠

倘若没有高架渠将干净的水引入城市，罗马便不可能发展到如此大的规模。这些高架渠的坡度非常平缓，能使淡水源源不断地流入城市，堪称工程学上的奇迹。

苏布拉

罗马城中贫穷的下层人聚集区，恺撒在这里长大。

恺撒神庙

尤里乌斯·恺撒死后被人们当作神来崇拜。

维纳斯神庙

图拉真浴场

罗马的公共浴场更像是现代的休闲中心，不过规模要大得多。人们在这里进行社交。

公共广场

城里的这个区域是罗马的政治、宗教和法律的中心。

提图斯凯旋门

它是为纪念罗马帝国的一场胜利而建的。

维斯塔神庙

罗马城的"圣火"在此燃烧，并由女祭司们守卫着，以确保它永远不会熄灭。

帝国宫

皇帝的住所。

巨型雕像

一尊高达30米的罗马太阳神索尔的雕像。

帕拉蒂尼山

在这片城区的大部分区域被帝国宫覆盖之前，罗马最宏伟的宅邸都建在这里。"palace（宫殿）"这个词便是从"Palatine（帕拉蒂尼）"衍生出来的。

斗兽场

这里是角斗士进行格斗或斗兽表演的地方。

尼禄金殿

罗马皇帝尼禄的宏伟宫殿。

大竞技场

这个战车赛场可以容纳25万名观众。皇帝既可以在宫殿里，也可以在赛场的御用包厢里观看比赛。御用包厢通过一条私人通道与宫殿相连。

21

罗马的生活

大约2 000年前，罗马是世界上最大的城市之一。它拥有豪华的公共建筑和宏伟的宫殿，以及人来人往的商店、集市和多层的公寓楼。

国王和皇帝

最初，罗马是由国王统治的，之后又由选举产生的执政官治理。公元前27年，恺撒的养子屋大维成为罗马帝国的第一位正式皇帝。

富人的房子和穷人的房子

富人的房子拥有能给人留下深刻印象的门厅，奢华的餐厅可多达四间。盛大的宴会在餐厅里举行。席间，宾客们躺在低矮的沙发上，享用侍者送上的美味佳肴。这些豪宅里还有自来水、私人浴室、华美的花园和地暖。穷人们则住在三至五层的、底层通常是商店的公寓楼里。他们没有厨房，要去街上的食品摊位买热的饭菜。公寓楼很拥挤、吵闹，还有许多老鼠。有些公寓楼甚至会因施工质量太差而突然倒塌。

你好，我的名字叫 **大克劳迪娅**

名字的意义

在古罗马，名字会让所有人知道这个人的地位——是生来自由，还是当过奴隶。男孩通常会有一个名字（常常是盖乌斯、卢修斯或马库斯），如果他是罗马公民的话，还要再加上一个氏族名和一个家族名。女孩通常只被赋予氏族名和家族名的阴性形式。常见的氏族名有克劳迪娅和弗拉维亚。假如一个家庭中有几个女孩，那她们可能会被叫作大克劳迪娅、小克劳迪娅和三克劳迪娅。

罗马数字档案

117年罗马帝国疆土最大时的面积：约 **5 000 000** 平方千米

罗马军队的规模：约 **300 000**

著名人士

哈德良在117年成为罗马帝国的皇帝,当时,罗马帝国的疆土已经扩张至极限。庞大的帝国难以掌控,于是,哈德良停止扩张,下令修建防御工事保护既有领地。这些防御工事包括位于今天英国北部的哈德良长墙,修建它是为了阻挡喀里多尼亚人(皮克特人)入侵。

神灵

除了从希腊人那里引入的众多神灵外,罗马人还信奉家神和其他各种神灵(从门神到下水道女神,不一而足)。罗马人的生活中有许多节日和宗教仪式(包括献祭),因为他们有太多的神灵需要祭祀。在冬季祭祀萨图恩神的节日期间,人们会互送礼物和举办盛宴(有点儿像是过圣诞节),主人们还会在某一天跟他们的仆从互换身份。节日之外还有许多宗教仪式,包括献祭动物。献祭结束后,祭司会仔细查看动物的内脏,以预测未来。

不可或缺的奴隶

罗马人非常依赖奴隶劳工。这些人可能是军队的俘虏,也可能一生下来就是奴隶。奴隶从事各种各样的工作,如会计、店员、教师、家仆等。有些奴隶是角斗士,在斗兽场里战斗至死。成功的角斗士会变得很有名。有时,一些并非奴隶的人为了赢得名望和财富,也会作为角斗士参加比赛。奴隶可以被他们的主人释放,从而恢复自由身。有时,他们也能挣到足够的钱为自己赎回自由。

一个时代的终结

4世纪,罗马帝国分裂成两部分,东罗马帝国定都君士坦丁堡(今伊斯坦布尔),西罗马帝国仍然定都罗马。476年,西罗马帝国灭亡。

罗马城在2世纪时的人口数:
约 **1 000 000** 人

罗马如今的人口数:
约 **2 800 000** 人

君士坦丁堡

约 6 世纪

这座城市最初被称作"拜占庭",330年,罗马帝国皇帝君士坦丁一世迁都于此,将其改名为"君士坦丁堡"。君士坦丁堡是当时世界上最大、最富裕的城市之一,整座城市在黄金、青铜和大理石的装点下熠熠生辉。

布拉赫奈宫
皇帝的第二个住所。

元老院
政府的核心机构。

君士坦丁城墙
这道由君士坦丁一世下令修建的城墙将城市围了起来。

狄奥多西城墙
君士坦丁城墙建成后不到100年,又有一道新的城墙被修建起来。这是一道被沟渠和护城河隔开的双层城墙,它扩大了城市的面积,并保护其不受外敌入侵。

梅赛大道
君士坦丁堡的主街("梅赛"一词的意思是"中央大街"),宽25米,沿街设有带顶的柱廊和商店。

君士坦丁公共广场
这个开阔的圆形集会场地上矗立着君士坦丁纪念柱,纪念柱的顶端还有君士坦丁一世的雕像。

金门
这个宏伟的城市入口被大理石雕像、青铜和黄金饰品装饰着。它只在特殊场合使用。

大理石塔楼
狄奥多西城墙设有防御塔楼。

吕库斯河

海堤

马尔

东方与西方相遇

君士坦丁堡坐落在欧洲和亚洲的交界处，是世界上唯一一个横跨欧亚两大洲的城市。

金角湾
早期定居者认为伊斯坦布尔海峡的这个水湾看起来像是一只鹿角。

伊斯坦布尔海峡
这片狭长的海域将欧洲与亚洲分隔开来。

圣伊莲娜教堂
城里的第一座基督教教堂。

斯图狄奥斯修道院

图特摩斯三世方尖碑
公元390年，狄奥多西一世从埃及带回了这座方尖碑。

君士坦丁堡竞技场
一个可以容纳60 000多名观众的战车比赛场地。

圣索菲亚大教堂
这座美丽的教堂以其又高又宽的圆顶而闻名，至今矗立不倒。

宙克西帕斯浴场
一个装饰着漂亮的马赛克镶嵌画的公共浴场。人们在这里碰面、交谈和洗澡。

大皇宫
皇帝的宝座旁有两只会发出吼声的黄金狮子，还有在一棵黄金树上歌唱的机械鸟。

灯塔
灯塔可以引导船只出入君士坦丁堡的繁忙港口。

马拉海

君士坦丁堡的生活

6世纪中叶,查士丁尼一世统治下的君士坦丁堡是当时世界上最富裕的城市之一。数十万人生活在那里,他们来自许多不同的国家,有着各种各样的文化背景。

395年,罗马帝国分裂成定都罗马的西罗马帝国和定都君士坦丁堡的东罗马帝国(又称拜占庭帝国)。476年,罗马城被入侵者占领,西罗马帝国就此灭亡,但拜占庭帝国仍继续存在了近千年。从帝国境内征得的税款使君士坦丁堡变得富裕,城里到处是宫殿、教堂和公共建筑,其中许多是用大理石建造的,并用黄金和青铜加以装饰。贸易活动使这座城市变得更加繁荣,熙熙攘攘的街道上,丝绸、香料、熏香等商品随处可见。

战车比赛

君士坦丁堡人最喜爱的运动是战车比赛。大家都是这项运动的狂热爱好者。这项运动是如此重要,以至于有一条通道直接从皇帝的宫殿通往他在竞技场里的包厢。蓝队和绿队是死敌,两支队伍之间经常展开激战。不过,这两支队伍后来联合起来,试图推翻查士丁尼一世的统治,最后以失败告终,大约有30 000人因此被杀。

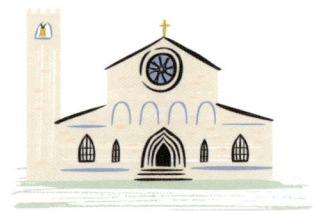

竞争对手

早在4世纪初,君士坦丁一世就已成为第一位支持基督教的罗马皇帝。但到了查士丁尼一世统治时期,基督教教会逐渐分裂为两派。这两个教派最终于1054年彻底分开,形成正教和罗马公教。

著名人士

狄奥多拉皇后是查士丁尼一世的妻子,她是一个了不起的女人。罗马皇帝的妻子大多本身就是王室成员,但据说狄奥多拉皇后却是在一个马戏团里出生的(她的母亲可能是一名杂技演员)。狄奥多拉皇后曾与一个早逝的养熊人结婚生子,与查士丁尼一世相遇时已经又结了一次婚。她通过变革法律(离婚法、财产法和惩罚对女性施暴行为的法律)来改善女性的处境,还协助查士丁尼一世扩张和治理日益壮大的帝国。

狄奥多拉皇后

你好 我的名字叫 阿纳斯塔西娅

名字的意义

君士坦丁堡是一个国际性的城市。人们从欧洲和亚洲各地来到这里生活与工作,所以他们的名字也取自各种各样的文化背景——名叫本亚明、莱奥、约瑟夫、阿拉里克、阿纳斯塔西娅、玛丽亚、布伦希尔德和狄奥多拉的人,可能都曾在君士坦丁堡相遇。富裕家庭无论男孩还是女孩都会去上学。

一个时代的终结

君士坦丁堡在坚固城墙的保护下,作为拜占庭帝国的首都存在了1000多年。最终,这座城市在1453年被奥斯曼帝国占领。如今,它被称为伊斯坦布尔,是土耳其最大的城市。在这里,你仍然可以见到圣索菲亚大教堂、君士坦丁纪念柱等许多拜占庭帝国的遗迹。

君士坦丁纪念柱

君士坦丁堡数字档案

君士坦丁堡在6世纪时的人口数:
约 **500 000** 人

如今伊斯坦布尔的人口数:
约 **15 000 000** 人

君士坦丁堡的面积:
约 **16** 平方千米

如今伊斯坦布尔的面积:
约 **5 300** 平方千米

巴格达

约 9 世纪

762年，阿拔斯王朝的第二代哈里发曼苏尔将阿拉伯帝国的首都迁至底格里斯河河畔，建立了巴格达。巴格达被称为"圆形城市"，因为它的整体形态被设计成了一个直径2 700米的巨大圆圈。城市的中心是皇城，因为美得惊人而被称为"人间天堂"。经过几十年的发展，皇城里有统治者的宫殿、巨大的清真寺和一座令人印象深刻的图书馆。巴格达逐渐成为阿拉伯帝国黄金时代的文化与学术中心。

智慧宫
这是一座巨大的图书馆，馆内的藏书吸引着来自世界各地的学者。不幸的是，它后来毁于战火，馆内藏有哪些书籍成了一个永远的谜。

房屋
住宅是用泥和砖建造的，通常有几个房间，中间是一个庭院。许多住宅还有带顶的露台和粉刷过的阳台。

清真寺
这座令人印象深刻的清真寺坐落在城市的正中，并与宫殿相连。它是由哈里发曼苏尔下令建造的。

哈里发的宫殿
这是帝国统治者的住所。阿拉伯帝国的统治者被称为"哈里发"，意为"继承者"。

茶室
进行商务和休闲活动的聚会场所。

骆驼商队
骆驼商队带着货物穿越沙漠。商队常常会携带贵金属、盐、香料、皮革等物品用来交易。

防御城墙
这道为保卫城市而建的城墙维系着巴格达的安全，直到1258年这座城市被蒙古军队攻占并毁坏。

紧邻底格里斯河意味着巴格达可以建立通往东方的贸易路线，并获得淡水资源。

底格里斯河

土耳其式浴场
城里的众多公共浴场为人们提供了社交场所。

城门
有四座巨大的城门与市中心相通，它们分别是沙姆门、库法门、呼罗珊门和巴士拉门。

贸易
巴格达的港口大到足以让数百艘不同的船只同时出入。商船把货物从世界各地带到这里。

阿拉伯三角帆船
这种被称为"dhow"的船只拥有一块三角形船帆。这些船只往来于波斯湾的各个港口，在各地运送货物，甚至穿越印度洋抵达中国。

政府大楼

花园
设计精美的花园里有喷泉和流水景观。

智慧之城
巴格达迅速确立了其作为学术与科学之城的地位，不断有学者和科学家进出这座城市。"智慧宫"又称"巴格达大图书馆"。一份份手稿从四面八方被带到这里，并被翻译成阿拉伯文。当时由官方领导的翻译运动和学术研究，带来了医学、数学和天文学等领域的许多惊人发现。

市场
繁忙而缤纷的市场出现在城门周围，人们在这里买卖食物、皮革、首饰、布料和地毯。

巴格达的生活

巴格达是一个国际性的城市，不同信仰的学者可以在这里一起学习和讨论。这种论辩的自由促进了很多科技的交流和传播。医生们发现了新的治疗方法和药物，其中一种药物可以让病人在手术中睡觉——在此之前，这个国家的所有病人在手术过程中都始终保持清醒状态！学者们还发明了代数，传播十进制，如今世界上到处都在使用阿拉伯数字。

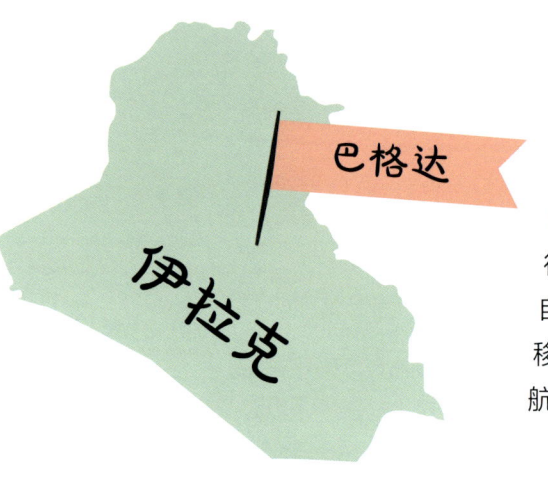

改变世界

一些科技的传播和发展对世界产生了深远的影响，比方说星盘。星盘是一种复杂精密的仪器，可以用来定位行星与恒星在天空中的位置。这意味着你可以准确地知道自己在地球上所处的位置。这一点特别重要。随着时间的推移，星盘又被欧洲的水手们使用，在他们漂洋过海做远距离航行时协助指示方向。

影子戏

戏剧演出在巴格达非常流行。不过，这些戏剧并不由真人演员出演，而是以投射在墙面上的影子为主角，因而被称为"影子戏"。演出通常在太阳刚下山的时候开始，并且可以在城里的任何地方进行。技艺高超的艺人通过固定在影子戏木偶身体各个可活动部位的细长杆子来操控它们。借着一盏非常明亮的灯笼，木偶的影子被投射到一面巨大的墙壁上。这样的演出能吸引大量观众，人们会津津有味地一直观看到晚上。

巴格达数字档案

参与建设巴格达（为期四年）的劳工人数：约 **100 000** 人

外层防御城墙的高度：**26** 米

上学

在"黄金时代"的巴格达,儿童能受到良好的教育——确切地讲,是至少有半数儿童能受到良好的教育。对男孩的教育标准要高于女孩,因为人们希望女孩长大后留在家里做家务。大多数男孩会去当地的清真寺上学,但假如你的父母非常有钱,他们或许会雇一名私人教师来家里给你上课。学生们用阿拉伯文书写,写字用的墨水是用煤烟制成的。

随"波"逐"流"

底格里斯河使巴格达人能够获得大量淡水。水不仅可以供人饮用,对于种植作物也非常重要。巴格达的工程师们修建了高堤岸运河,将水从底格里斯河引到泛滥平原肥沃的庄稼地。这些运河还能起到防御作用,使城市更难被入侵。河水还被引入城里的花园,在喷泉和美丽的水池里流淌。

食物,美味的食物!

假如你住在"黄金时代"的巴格达,你的日常饮食多半会相当丰富。水资源管理和农耕方面的进步使得人们可以在城内和城市周围轻松地种植更多的作物。巴格达的居民可以享用干枣、蜂蜜、牛奶、无花果、葡萄、面包以及绵羊肉和山羊肉。除此之外,还有从远方进口的食物,比方说从印度进口的香料和从非洲进口的水果。

巴格达在9世纪时的人口数:
约 **1 000 000** 人

巴格达如今的人口数:
约 **7 000 000** 人

约克

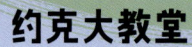
约 940 年

940年时的约克是个正在日益发展的城市，也是英格兰北部的一个重要贸易口岸。866年，维京人入侵了英格兰北部的大部分地区，占领了这座后来被称为"约克"的城市。约克是一个能让盎格鲁-撒克逊人和维京人都感到安全与自在的地方。它尽管地处内陆，却通过乌斯河与北海相连，所以，当地的工匠有机会使用维京人的整个贸易网络。

一条通往北海的航线使得商人们可以走遍欧洲甚至更远的地方。

约克大教堂
它最初是一座木制建筑，741年被大火烧毁。后来，人们用石头新建了一座更大的教堂，内部可以容纳30个祭坛。

多边形塔楼
罗马人于209年至211年间修建的十边形防御塔楼。高度可能超过9米。

住宅和商店
出售当地工匠制造的物品，包括木杯、木碗、首饰、帽子、衣服、鞋子、胸针、搭扣和梳子。

乌斯河

库珀盖特大街
城里一条重要的购物街。"库珀盖特"的意思是"杯子制造者的街道"。

垃圾坑
人们会把排泄物和垃圾扔进垃圾坑（一个简单的地洞），任其在里面慢慢腐烂发臭。

谁是维京人？
维京人来自挪威、瑞典和丹麦。他们是出色的水手、令人畏惧的战士和聪明的商人。凭借着对海洋和潮汐的了解，维京人能够航行到欧洲其他地方甚至更远地区的海岸。他们多次突袭英格兰海岸，最后还发动了一次大规模进攻，深入内陆地区。

约克数字档案

罗马人修建的防御城墙的高度：

约 **2.5** 米

约克遭到入侵并易主的次数：

至少 **13** 次

940年约克的人口数：

将近 **10 000** 人

如今约克的人口数：

约 **200 000** 人

约克的生活

在维京人的掌管下，约克的城市规模迅速扩大，地位迅速提高。维京人拥有一个令人惊叹的遍布欧洲的贸易网络，其中包括如今的俄罗斯、冰岛、爱尔兰、土耳其等地。后来，他们甚至穿越大西洋，航行到格陵兰岛和北美地区。约克成了一个繁荣的贸易口岸，人们操着各种不同的语言，在这里交易来自世界各地的货物。

维京长船横空出世

维京人是技术极为高超的水手和出色的航海家。在北欧海盗时代后期，维京人的有力武器是他们的维京长船，其中一些船的长度超过20米。维京长船船身细长，航行速度快，而且坚固得出奇。它们可以靠风帆驱动或靠人力划桨前行，这意味着维京人不必依赖风力便能抵达想去的地方。维京长船最大的优点是它们的船底很浅，所以能驶入小河和在沙滩上停放，这意味着维京人可以在迅速地对海岸上的目标（比方说藏有大量金子的修道院）发动突然袭击。

劳作和玩耍

维京儿童不用上学。这听起来似乎是个好消息，但在约克，儿童会被要求投身劳作！他们可能要在家庭作坊里给大人当帮手。在家里，人们还期望他们帮着做饭和做衣服。不过，维京儿童也不用成天干活——他们有玩具可以玩，比方说木雕动物、棋盘游戏以及乐器（如笛子和鼓）。

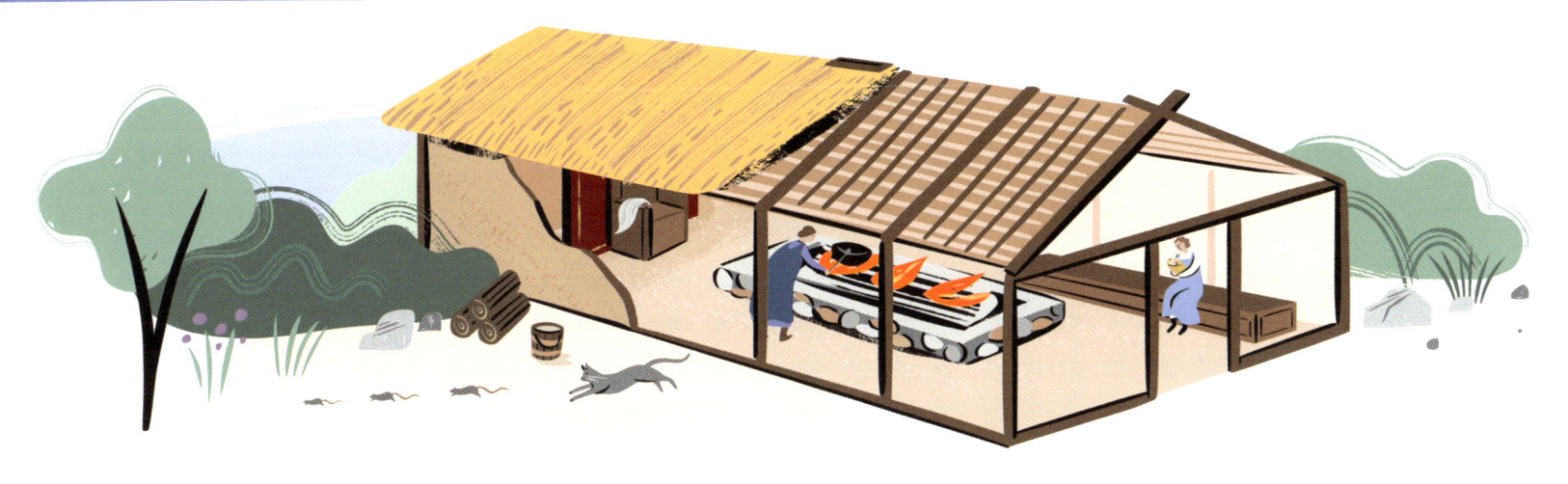

我爱我家

传统的维京式住宅有一个长长的开放式火炉，这个用来做饭和取暖的区域是维京人家庭生活的中心。尽管屋顶上有一个洞，维京人的屋子里还是常常烟雾弥漫。约克的房屋体现出这座城市是不同文化的混合体——许多房屋并没有维京式样的草屋顶，而是用木材建造并配有盎格鲁-撒克逊式样的茅草屋顶。厕所是屋外地面上的一个洞或粪坑，人们把旧布片或苔藓当厕纸使用。

约克

英国

维京盛宴

假如有什么值得庆祝的事情，比方说一场伟大的胜利或一位重要战士的归来，那么几乎可以肯定的是，维京人会举办一场盛大的宴会。这类宴会在国王礼堂举行，而且可能会持续数日。维京人用中空的牛羊角盛麦芽啤酒和蜂蜜酒喝。吃喝时，还会有乐师和吟唱诗人为他们助兴，后者会当众吟诵关于英雄事迹、冒险行为和伟大战役的长诗。

北欧神话

约克的居民信奉各种宗教。有些维京人皈依了基督教，更多的人则仍然崇拜古老的北欧诸神。维京人相信阿斯加德的神灵——阿斯加德是一座宏伟的空中堡垒，通过一道彩虹桥方可抵达。众神之王奥丁有很多孩子，其中包括强大的雷神托尔。维京人相信，电闪雷鸣是托尔驾着马车从空中飞过的标志。

北京

约 15 世纪

长城
向北六七十千米远

为了阻挡北部边境外的入侵者，明朝把长城修建得比以往任何时候都更坚固。

15世纪时，北京是中国的首都，也是世界上最大的城市之一。当时的中国正处于明朝的统治之下，统治者的宫殿建筑群就坐落在都城的中心区域。右边这张地图为我们展示的是明朝的皇城，统治者的宫殿建筑群（又称"紫禁城"）就在皇城内。在当时，普通人是不能进入紫禁城的。

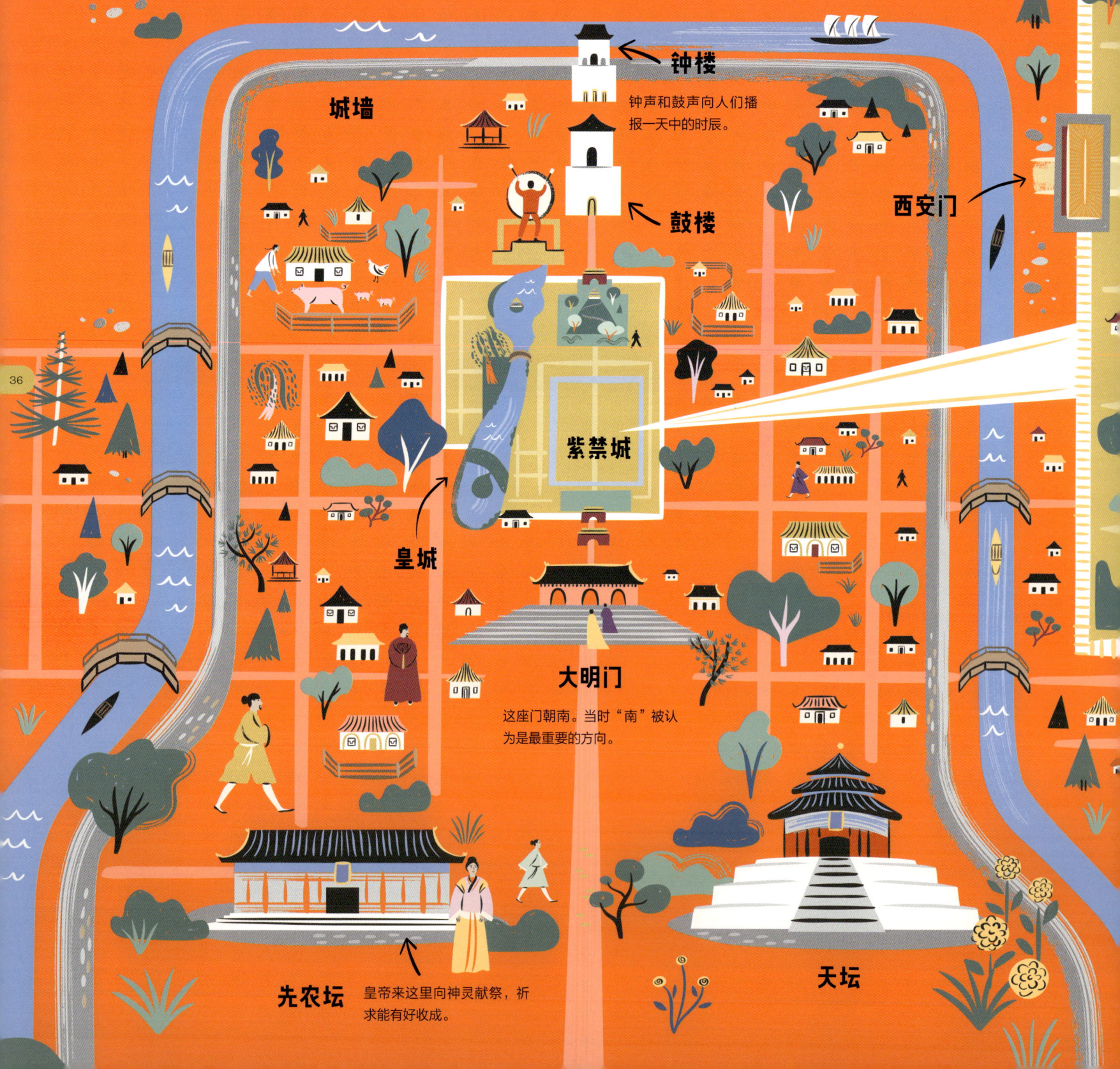

城墙

钟楼
钟声和鼓声向人们播报一天中的时辰。

鼓楼

西安门

紫禁城

皇城

大明门
这座门朝南。当时"南"被认为是最重要的方向。

先农坛
皇帝来这里向神灵献祭，祈求能有好收成。

天坛

皇 城

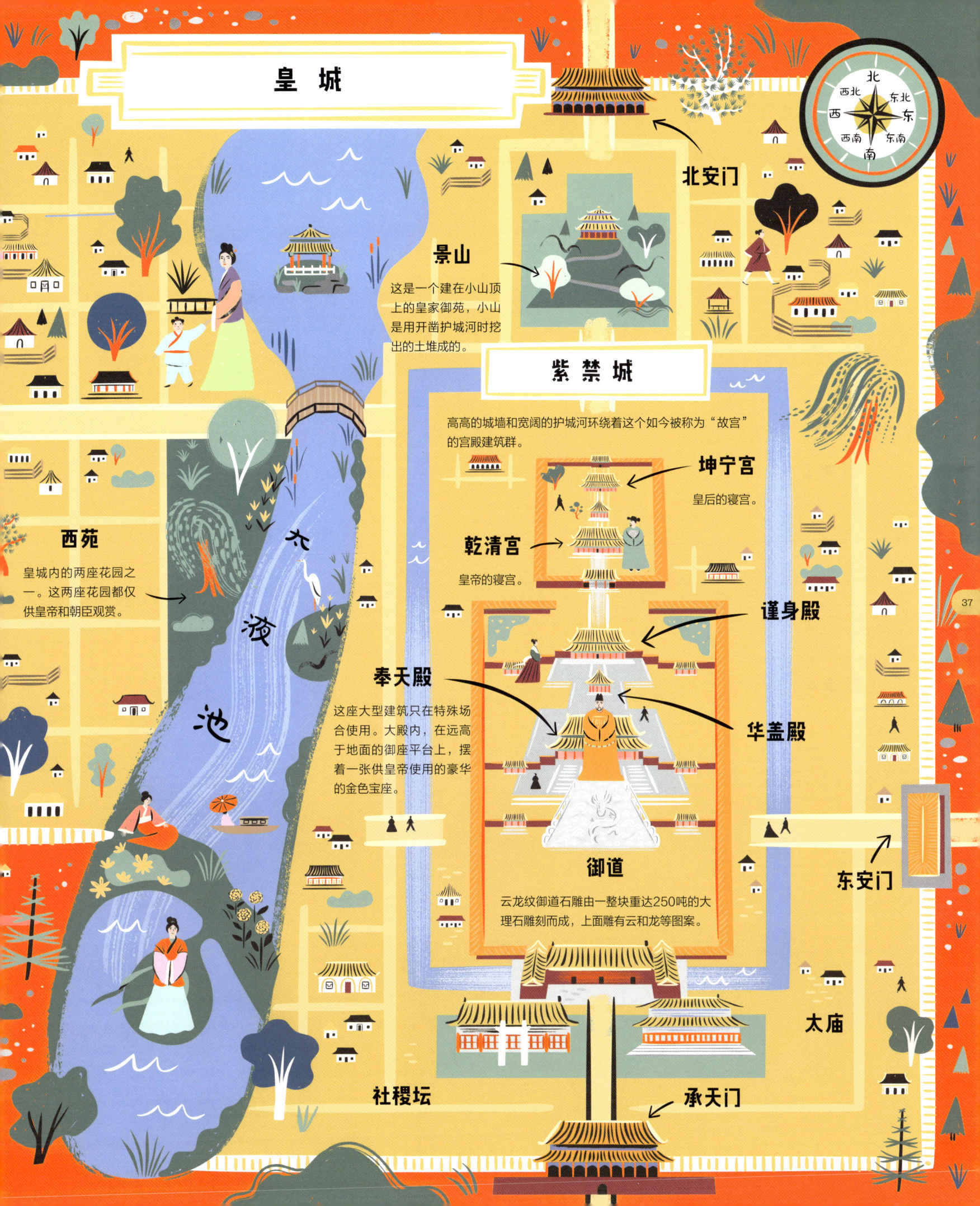

北安门

景山
这是一个建在小山顶上的皇家御苑，小山是用开凿护城河时挖出的土堆成的。

紫禁城
高高的城墙和宽阔的护城河环绕着这个如今被称为"故宫"的宫殿建筑群。

坤宁宫 — 皇后的寝宫。

乾清宫 — 皇帝的寝宫。

谨身殿

奉天殿
这座大型建筑只在特殊场合使用。大殿内，在远高于地面的御座平台上，摆着一张供皇帝使用的豪华的金色宝座。

华盖殿

西苑
皇城内的两座花园之一。这两座花园都仅供皇帝和朝臣观赏。

太液池

御道
云龙纹御道石雕由一整块重达250吨的大理石雕刻而成，上面雕有云和龙等图案。

东安门

社稷坛　　太庙

承天门

北京的生活

明朝的永乐皇帝统治中国时,将北京定为都城。在新建的宏伟皇城里,永乐皇帝统治着世界上最大、最古老、最富裕的国家之一。当时的中国,与远近许多国家有着贸易往来。

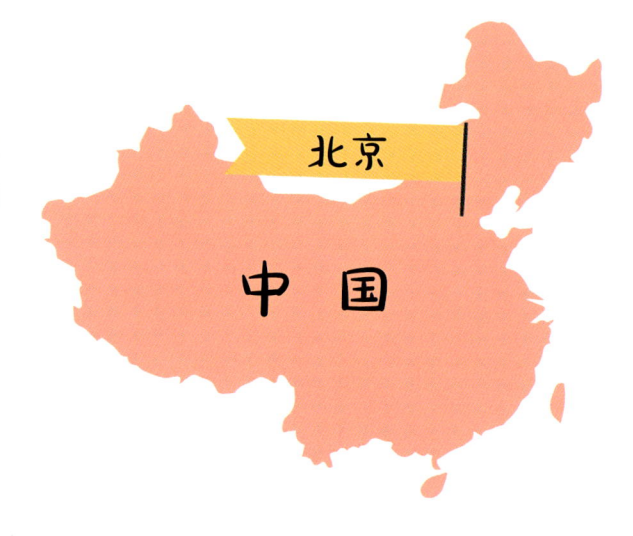

大明王朝

永乐皇帝需要一个能彰显明朝国力并巩固其统治的都城。因此,他在北京大兴土木,还在皇城内建造了世界上最大的宫殿建筑群——紫禁城。数十万工匠和劳工用了14年时间才完成这项工程。环绕在紫禁城周围的高墙,将紫禁城与北京的其他地区分隔开来。

紫禁城探秘

紫禁城分为外朝和内廷两大部分,位于南部的外朝区域是皇帝和大臣们举行朝典的地方,每到上朝时,有资格上朝的官员天不亮就要起床,赶到紫禁城的午门外集合,等候上朝。

著名人士

明朝早期是一个探险的时代,当时最伟大的探险家便是郑和。他接受皇帝的任命,在1405年至1433年间7次率领船队出航,前往印度、中东和东非海岸。这使明朝与这些地区建立了宝贵的贸易路线,并将有关大明王朝的消息传播到更广阔的世界。后来,明朝的皇帝们终止了这种耗资巨大的航海探险活动,但海上贸易仍在继续。

皇室生活

位于紫禁城北部的内廷区域是皇帝处理日常政务以及皇帝、后妃们居住的地方。内廷建筑风格不同于外朝区域的宏大，而是自成院落。明朝的大部分皇帝绝大多数时间都待在紫禁城里。皇帝的后妃众多，她们几乎终生无法离开紫禁城。皇帝的儿子们在成年之前通常居住在紫禁城里，但一旦受封爵位，皇子就得搬出紫禁城另建王府，甚至离开北京到自己的封地去。

一个时代的终结

明朝一直延续到1644年——这一年，来自长城外的北方清朝军队攻占了北京。今天，距离紫禁城建成已经过去600多年，距离中国最后一个皇帝在位也已经过去100多年，北京依旧是中国的首都。现代化的摩天大楼与拥有数百年历史的宫殿和谐共存，当年的紫禁城如今已是面向公众开放的博物馆。

北京数字档案

紫禁城的规模：

961 米 X **753** 米

明清时期紫禁城里住过的皇帝人数：

24

北京在15世纪时的人口数：约为

800 000 人

北京如今的人口数：约

21 900 000 人

格拉纳达

约 15 世纪

格拉纳达隐秘地坐落在内华达山的山脚下，位于如今的西班牙境内。格拉纳达到处是果树、华美的花园和波光粼粼的喷泉。美轮美奂、流光溢彩的阿尔汗布拉宫在高处俯瞰着熙熙攘攘的街道和巴扎，这座宫殿是统治者苏丹及其家人的住所。

大清真寺

15世纪时，格拉纳达城内约有137座清真寺。这是其中最宏伟的那座。

阿尔卡扎巴城堡

这座雄伟的城堡守卫着格拉纳达。在阿尔汗布拉宫建成之前，它还是苏丹的住所。

大巴扎

丝绸、香料、蔬菜、水果、陶器以及战俘等都在这里进行交易。

茶馆

格拉纳达有许多茶馆，人们在这里见朋友和谈生意。

阿隆迪加

15世纪时，格拉纳达城内有许多这样的建筑。它们是沿街的客栈，是市场，也是用来储存所在街区的谷物与货物的仓库。

土耳其式浴场

人们来公共浴场洗澡、社交和休息放松。

阿尔拜辛区

城内最古老的区域。在这里，狭窄而蜿蜒的街道两旁挤满了住宅和商店。

卡尔梅内斯

那些坐落在阿尔拜辛区的带有美丽花园的别墅，一直以来都被称为"卡尔梅内斯"。

达罗河

赫内拉利费宫

苏丹的这座避暑宫殿与阿尔汗布拉宫中间隔着一道峡谷，两座宫殿通过一条穿越峡谷的带顶通道相连。

狮子中庭

阿尔汗布拉宫

在这个设有防御工事的华美宫殿建筑群里，有令人叹为观止的花园，花园内到处是溪流、池塘和喷泉。

富丽的装饰

绘有图案的彩色瓷砖和精雕细琢的石膏纹饰装点着阿尔汗布拉宫。玫瑰、橘树和桃金娘树篱使庭院和花园充满芬芳的气息与斑斓的色彩。

城墙

内华达山

帝国

格拉纳达曾是横跨亚非欧三洲的阿拉伯帝国的一部分。信奉伊斯兰教的摩尔人征服了西班牙的大部分地区。在西班牙语中，"格拉纳达"这个词的意思是"石榴"。

41

格拉纳达数字档案

15世纪时格拉纳达清真寺的数量：

137 座

如今格拉纳达清真寺的数量：

2 座

格拉纳达在15世纪的人口数：

约 **50 000** 人

格拉纳达如今的人口数：

约 **235 000** 人

格拉纳达的生活

8世纪初，摩尔人占领了西班牙。他们统治这个国家的大部分地区达数百年之久。格拉纳达的居民是西班牙境内最后一批生活在摩尔人统治下的人，直到这一统治最终被推翻。

西班牙

格拉纳达

早期的格拉纳达

从石器时代起，格拉纳达地区就有人类定居了。罗马人来了又走，留下了他们修建的水道桥和下水道。在罗马人之后到来的是西哥特人（日耳曼人的一支）。后来，定居在这里的犹太人团体将这座城市命名为"Garnata al-Yahud"（意思是"犹太人的山丘"），这可能就是"格拉纳达"（Granada）这个名字的由来。

充足的供水

在摩尔人的统治下，格拉纳达从一个小小的定居点发展成了一个富裕而美丽的城市。在此处定居的摩尔人是水利工程方面的专家。他们改进了古罗马人修建的水道桥和下水道，将更多的淡水输送到格拉纳达，供人们生活和种植作物时使用。他们还给西班牙带来了杏仁、稻米、甘蔗，以及许多新品种的水果和蔬菜（橘子、柠檬、杏子、香蕉、菠菜、芹菜和洋蓟只是其中的一部分）。

浴室和花园

摩尔人统治者们建造了豪华的浴室，在那里洗澡、社交、吃喝东西。浴室里贴满绘有图案的瓷砖，顶部还有星形的彩色玻璃天窗，射进屋内的光线将屋子照得绚丽多彩。格拉纳达的街道两旁种着杏树和橘树，房屋通常带有美丽的花园。最美的要数阿尔汗布拉宫殿建筑群里的那些花园。花园内，潺潺流水汇入汗池塘，从花坛间的喷泉装置里倾泻而下。

天壤之别

与格拉纳达树木成行的干净街道不同，当时大多数中世纪欧洲城市的街道肮脏且散发着恶臭，河流还被用来排放污水。假如不幸生病，欧洲人大多只能自求多福，而格拉纳达的市民却有医术高明的医生为他们治病。

★ 著名人士 ★

穆罕默德十二世于1482年成为格拉纳达的最后一任苏丹。他试图扩张自己的王国，但位于格拉纳达两边的基督教王国此前已经通过联姻结合在了一起，变得十分强大。后来双方爆发战争，穆罕默德十二世被俘。

一个时代的终结

阿拉贡国王费迪南德二世与卡斯蒂利亚女王伊莎贝拉一世于1469年结婚，由此将两个王国联合起来。格拉纳达被他们的军队围困了8个月，最终穆罕默德十二世投降，于1492年结束了摩尔人在西班牙长达700多年的统治。

威尼斯

15—16 世纪

威尼斯是一个不同寻常的城市。它建在100多个小岛上，这些小岛分布在意大利的一个美丽的潟湖里，相互之间由桥梁连接。在这里，人们利用运河网络而不是街道出行。威尼斯曾经非常强大，甚至一度是个城邦国家，即"威尼斯共和国"。威尼斯共和国强盛时非常富裕，威尼斯也成为当时地中海地区最重要的贸易口岸。

这是威尼斯主要的一条水路，威尼斯人把它称为"大运河"。

土耳其商馆
一座精美的拜占庭式建筑，是许多重要人物造访威尼斯时的住所。

里亚尔托区
城内的这个区域到处是出售香料和精美织物的商人。每天都会有驳船将新鲜的水果和蔬菜运到这里。

贡多拉
威尼斯的传统交通工具。

威尼斯潟湖

大运河

商船

任何时候都可能有大批来自世界各地的船只在威尼斯的港口装卸货物。货物品种繁多，有产自威尼斯的织物和玻璃，甚至还有来自欧洲的奴隶——其中有男人，有女人，也有儿童，他们都将被运到北非和中东出售。

穆拉诺

这个由诸多桥梁相连而成的小岛以玻璃制造而闻名，过去全欧洲所需的玻璃很大一部分都产自这里。

黄金宫

这座宏伟的建筑如今是一个向公众开放的美术馆。

圣乔瓦尼与圣保罗大教堂

这座哥特式教堂被称为"威尼斯的先贤祠"，威尼斯的许多总督都安葬在这里。

里亚尔托桥

市中心一座横跨大运河的桥梁。

德国商馆

许多德国人曾在威尼斯定居，这座商馆是他们生活、工作和做生意的地方。

总督府

圣马可大教堂

威尼斯最有名的教堂。

圣马可钟楼

这个此地建起的第一座塔楼是为水手引航的灯塔，后来几经翻修，其造型广受世界各地的模仿。

圣马可广场

威尼斯最大、最重要的公共空间。在12月末举办的长达6周的威尼斯狂欢节期间，威尼斯人会戴上面具，把自己伪装起来，去广场上观看精彩的表演。

威尼斯兵工厂

威尼斯之所以能在军事上大获成功，秘诀就在于这座兵工厂。这是当时世界上最大的造船场地。它拥有16 000名劳动力，采用流水线作业，是历史上最早的大型工业企业之一！

威尼斯的生活

威尼斯的生活完全围绕海洋、船只和贸易展开。由于拥有极为出色的造船工人，并在从欧洲和非洲延伸至远东的贸易路线中处于有利位置，威尼斯是当时全欧洲最繁荣的城市之一。

海浪里的城市

想象一下，在海中央建造一座城市会是一幅怎样的画面！威尼斯的第一批定居者还真就这么做了——在一个浅水潟湖里地势较高的区域建起了一座城市！为了防止住宅下沉或被水淹，他们将巨型木桩深深钉入水下的泥沙里，然后在顶部铺上大理石，做成坚固且防水的地基。

财源滚滚

威尼斯有着绝佳的地理位置，向西可以与西欧地区开展贸易，向东可以与中东和远东开展贸易。木材、铁矿石、羊毛、盐甚至奴隶被运往东方，用来交换香料、香水、令人惊叹的地毯、精美的布料、金银以及宝石。随后，威尼斯人就可以把这些来自异国的物品高价卖到欧洲的其他地区，从中大赚一笔。然而，巨大的成功也带来了极大的危险——为了从威尼斯的财富中分一杯羹，海盗会袭击这座城市的船只。

马可·波罗

★ 著名人士 ★

威尼斯最著名的人士之一是探险家兼商人马可·波罗。马可·波罗参与父亲的贸易生意，花了大量的时间出门远行，最终抵达中国。离开中国后，他口述并由他人笔录，完成了一本讲述自身冒险经历的书。多年来，马可·波罗的旅行故事影响了许许多多的人，包括出生在几个世纪之后的克里斯托弗·哥伦布，他读完这本游记后深受启发，是他起航横渡大西洋的原因之一。

威尼斯数字档案

岛屿的数量：**118** 座

桥梁的数量：约 **400** 座

贡多拉船夫
这个职业往往在父子之间世代相传。

船桨
船桨的表面有棱纹。

船头铁饰
船头的铁饰可以平衡船夫的重量。

贡多拉
在威尼斯，传统的出行方式是乘坐一种被称为"贡多拉"的船只。这种船只由专门的船夫操控，靠划动单桨前行。贡多拉船形纤细、船底扁平，特别适合在威尼斯狭窄的运河中穿行。

乘客
乘客乘上贡多拉后，船身会下沉至吃水线附近。

疾病肆虐
随着海上旅行者从世界各地来到威尼斯，疾病的意外输入成了一个实际的问题。瘟疫曾几度给威尼斯人带来沉重的打击。为了阻止疾病传播，威尼斯人建立了隔离站，船只抵达后，船上的人必须在那里等待40天，隔离期满后才能上岸。

高调炫富
威尼斯的富人们并不羞于展示自己的财富。他们热爱庆祝节日，把钱花在最精美的衣服上，还将自己的家打造得像皇宫一般。他们实在太擅长炫富，威尼斯甚至颁布了一些法律，试图制止人们穿金银制成的衣服，以使城市显得更加朴素低调。当然，并非所有人都是富人，穷人们一如既往地生活在极其糟糕的环境中。

一个时代的终结
威尼斯的繁荣贸易持续了数百年，最终还是走到了尽头。由于认为威尼斯过于强大，威尼斯的许多敌人和竞争对手结成了一个名叫"康布雷联盟"的同盟，联手对抗威尼斯。大约在同一时间，其他城市和港口开始直接跟远东的香料商人进行交易，威尼斯的贸易地位从此下降。

威尼斯在1450年的人口数：
约 **175 000** 人

威尼斯如今的人口数：
约 **55 000** 人

贝宁城

16 世纪

在西非尼日利亚的雨林中央,有一座被巨大的城墙和深深的护城河环绕着的城市——贝宁城。铜光闪闪的贝宁城,是一个富裕而强大的王国的中心。

城墙

贝宁城被巨大的土墙和深深的护城河环绕着。在当时,这些宏伟土墙的规模位列世界第二,仅次于中国的长城,历时数百年才修建完毕。被城墙圈起的土地面积达到6 500平方千米。

棕榈油灯

这些又大又重的金属灯在夜间照亮了紧邻宫殿的街道。

街道

贝宁城的街道宽阔而笔直,以宫殿为中心向四周辐射。这些街道还没有地下排水系统,可以在雨季将雨水排走。

黄铜铸造

黄铜加工是贝宁城最重要的行业。

伊贡大街

城市规划

木匠、象牙雕刻师、织工、陶工、珠子制造者、城市信使、王室鼓手……不同的行业的从业者在城里有着各自专属的区域。

← 大西洋 向西南90千米

欧洲人乘船从欧洲来到西非海岸后,还要穿越雨林,才能与贝宁城开展贸易。

尼日尔河
向东130千米 →

北 东北
西北
西 东
西南 东南
南

奥巴的宫殿

贝宁的国王被称为"奥巴"。奥巴的宫殿富丽堂皇，有带走廊的庭院和高耸的塔楼。塔楼侧面饰有蜿蜒的蛇，塔顶饰有展翅的鸟。奥巴的家人和王室侍从都住在这座宫殿里。为奥巴服务的人中还包括杂技演员、猎豹人、驯豹师和巫师！

雨林

贝宁城建在雨林中。周围的雨林被清理出来，用于种植作物和养殖动物。

村庄

在中心城区外，人们住在一个个村庄里，这些村庄周围也环绕着巨大的土墙。

贝宁城的生活

1000多年前，人们在西非的雨林中建造了一座城市。到15世纪时，这座森林城市已经变得富裕而繁荣，还拥有一座为王国统治者奥巴修建的美丽宫殿。200多年过后，这个王国发展成了一个由"勇士国王"统治的富裕帝国，贝宁城也成为当时世界上最令人印象深刻的首都之一。

尼日利亚

贝宁城

创造财富

贝宁王国通过用自己的自然资源与其他非洲国家（从15世纪末起还与欧洲）开展贸易而变得富裕。当欧洲商人第一次见到贝宁城时，他们对它的规模、体制和低犯罪率感到诧异，因为这座城市与有些拥挤、肮脏且危险的欧洲城市截然不同。来自欧洲的货物中，有织物、枪支、被贝宁城居民当作货币使用的珍贵贝壳，以及被熔化后用于制造宫廷用品和宗教仪式用品的黄铜手镯。

作为回报，贝宁城居民将干胡椒籽、象牙和豹皮卖给欧洲人。同时，他们也进行惨无人道的奴隶贸易。那些被卖给欧洲奴隶贩子的奴隶，有的来自被贝宁城征服的地区，有的则是贝宁城本地人。尽管奴隶自己并不愿意，但还是被船只运往美洲和欧洲。他们中的许多人死在了拥挤不堪的运奴船上，幸存下来的那些人则被迫在骇人听闻的恶劣条件下劳作。

黄铜铸工是贝宁城所有从业人员中最重要的一个群体，出自他们之手的雕刻品都是受奥巴委托或是经他许可而制作的。女人被禁止接触这种金属，甚至被禁止触碰金属工具。她们只能从事纺织工作。

奥巴有数百个仆人和侍臣，这些人也都住在他的宫殿里。除去那些你猜想得到的任务（如守卫宫殿、做饭和打扫卫生），有些为奥巴服务的人还得负责遛豹子或表演魔术！

被摧毁的城市

由于贝宁王国出产了大量值钱的棕榈油和橡胶，到19世纪时，英国的商人和政府官员开始试图控制与贝宁王国的贸易。1897年，一支英国海军远征队入侵贝宁城，把它变成了大英帝国的一部分。贝宁城遭到摧毁，城里的许多建筑被烧毁，美丽的黄铜饰板和其他值钱的物品被入侵的军队掠夺，奥巴本人则被流放。贝宁城的大部分历史由于从未被文字记载下来，就这样永远地遗失了。

如今的贝宁城

如今，在尼日利亚的贝宁城里，你仍然可以见到一部分当年的土墙和护城河。奥巴的宫殿尽管曾多次被摧毁和重建，但依然坐落在现代城市的中心区域。如今的贝宁城仍然以黄铜闻名。在黄铜铸工集中的伊贡大街上，到处都能见到铸造黄铜的作坊和待售的漂亮金属雕刻品。

★ 著名人士 ★

奥佐卢阿是一位将贝宁王国的疆土扩张至最大的"勇士国王"。他受过规格很高的教育，有许多妻子和孩子，被人们当作神来崇拜。几乎没有人在宫殿外面见过他。假如他真的走出宫殿，那人们也必须得到准许才能看他，而且必须双膝跪地靠近他！

奥佐卢阿

贝宁城数字档案

环绕着贝宁城的土墙的长度：
11 千米

环绕着贝宁城的护城河的深度：
约 **6** 米

16世纪时贝宁城行会的数量：
40 个

如今贝宁市的人口数：
约 **1 500 000** 人

库斯科

15—16 世纪

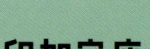

鼎盛时期的印加帝国统治着数百万的人口，是当时美洲土地上前所未有的大帝国。位于帝国中心地带的是其非比寻常的首都库斯科。这是一座奇特的山城，拥有众多的宫殿和一座令人惊叹的金色庙宇。城市的整体布局被设计成印加文化中的神兽——美洲狮的形状。

印加宝座
直接在天然岩石上凿刻出来的座位。据说，这些座位曾在举行重要仪式时被印加帝国的贵族们使用过。

萨克萨瓦曼
这座要塞的海拔比城市高出数百米。它的围墙由巨石砌成，其中一些重达230吨。库斯科城的形状宛若一头美洲狮，这座要塞就位于美洲狮的头部。

皇宫
皇帝或者说"萨帕·印加"（意思是"最高领袖"）的住所。每位皇帝都会在城中建造属于自己的宫殿，因此皇宫的数量也在逐渐增加。

松图瓦西
这间圆柱形武器库是库斯科最高的建筑。

瓦卡伊帕塔
库斯科是印加帝国的中心，这个大广场则位于库斯科的中心。

萨菲河

库西帕塔
（幸运露台）
这片区域被从海边运来的白色细沙覆盖。举行特殊的宗教仪式时，人们会把金银制品和各种珍贵的贝壳埋在这里。

形似美洲狮的城市

库斯科 / 阿南区 / 乌林区

城市形状好似美洲狮的库斯科城位于安第斯山脉的高处。萨克萨瓦曼要塞构成了美洲狮的头部，萨菲河和图卢梅奥河则勾勒出狮身的形状。

安第斯山脉
库斯科城海拔约3400米。

塔博玛凯
（印加浴场）

公路
印加人在雨林、沙漠、山区、谷地和草原修建了长达约40 000千米的公路，这些公路向四面八方延伸，直至印加帝国的最远端。

阿南区

乌林区

库斯科城被划分为两个区域：上库斯科的阿南区和下库斯科的乌林区。

图卢梅奥河

科里坎查
（太阳神庙）
这座金灿灿的庙宇是献给太阳神因蒂的。庙宇的内外两侧墙壁都覆盖着金片。这里是举行献祭仪式的场所。

科里坎查建筑群
（金色圈地）
这组重要的宗教建筑中包括太阳神庙。太阳神庙也是一座天文观测站，供人们研究和预测恒星与行星的运行。

三条河流
库斯科城建在三条河流的交汇处，这是它成为印加文化中的圣地的原因之一。

琼楚梅奥河

53

库斯科的生活

直到15世纪初，库斯科都只不过是位于如今秘鲁境内的一个小山城。然而，在接下来的100年里，这座城市逐渐发展成为一个南北绵延4000余千米的庞大帝国的首都。

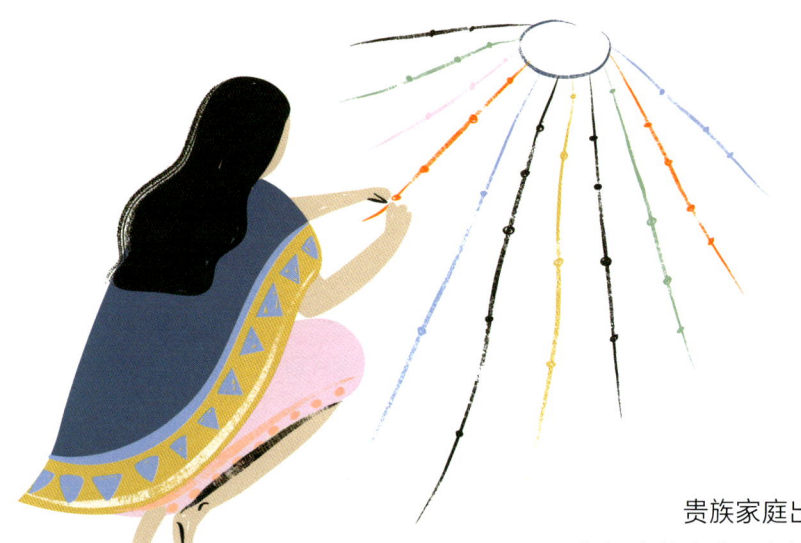

社会生活

库斯科的日常生活围绕着一个个叫作"阿伊鲁"的氏族公社展开。每个"阿伊鲁"内部都包括若干个家庭，成员们共同劳作、共享住所和财产，就像一个大家族一般。人们在出生时便会被归入某个"阿伊鲁"，并且一生都将属于这个群体。印加人会照顾老人和病人。假如一个人受了伤或是由于身体过于虚弱而无法劳作，其他人便会为其提供食物和住所。

结绳记事

贵族家庭出身的儿童会去上学，但我们对他们在学校里学些什么知之甚少，因为印加人从未发展出任何一种文字系统。他们以口头传播的形式分享信息，使用一种叫作"奇普"的系挂在一起并且打着结的彩绳来记事。这些结绳组合被用来记录账目、作物收成和人口数量，也有可能曾被用作地图或用于储存其他信息。

非贵族家庭出身的儿童很小就得开始劳作。他们会被传授相应的技能，如编织、种植玉米和土豆，或是照料羊驼和美洲驼。

没有货币的社会

印加社会没有金属货币。通常情况下，人们为社会做贡献的方式，是每年拿出一段时间为帝国工作，具体形式从修建道路到服劳役，不一而足。

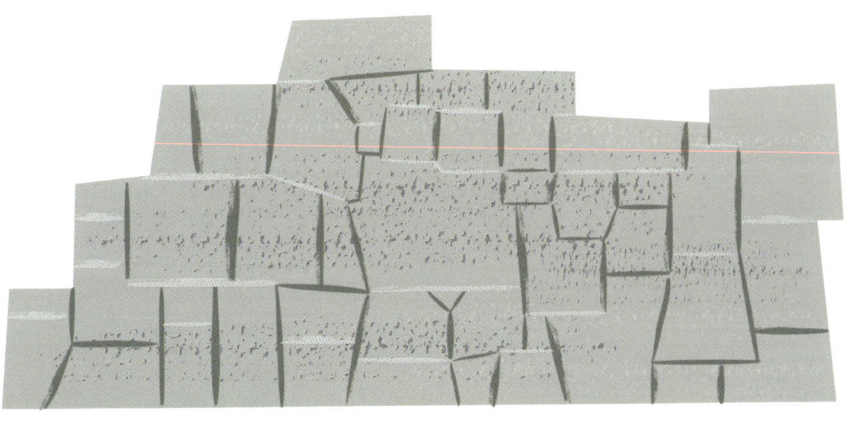

建筑大师

印加人在砖石建筑和工程学方面有着精湛的技艺。他们修建城墙时，直接把巨石切割成形状不规则的小块，然后再完美地拼接起来，这样接口处便不会留下空隙。为了把水导入田地，他们修建了渡槽。为了跨越河流和山谷，他们还发明了吊桥。

神灵和献祭

印加人崇拜许多不同的神灵。他们的宗教仪式包括祷告、斋戒和献祭。祭品通常是动物，有时甚至是人（包括儿童）。一天之中可以献上许多祭品。献祭活人是为了防止战败、饥荒、瘟疫等灾祸降临。动物祭品和食物祭品则被用于日常宗教仪式，如每天早晨把玉米扔到火上，以欢迎太阳归来。

为金而狂

印加人相信，金子是太阳神因蒂洒下的汗水。他们在用纯金打造首饰、雕像和装饰品方面有着令人难以置信的高超技艺。

向木乃伊求教

当一位印加皇帝去世后，他的遗体会被制成木乃伊，存放在他自己的宫殿里。已故统治者们的木乃伊常会被搬至宗教仪式的现场，身穿他们生前最精美的华服，接受供奉给他们的食物和饮品。印加人相信，皇帝去世后，他的灵魂依旧会留在他的身体里。现任皇帝还会去祭拜祖先们的木乃伊，就一些重要问题征求他们的意见。

一个时代的终结

16世纪30年代，西班牙入侵者对印加帝国发起了一场残暴而血腥的征服行动，将当时在位的皇帝赶下了台，强大的印加帝国开始走向衰落。在已故的前任皇帝的儿子们之间展开的内战也进一步削弱了印加帝国的力量。幸存下来的印加人中，约有九成死于天花和其他致命疾病，这些疾病很可能是由发动战争的欧洲人带来的。

秘鲁

库斯科

库斯科数字档案

库斯科的海拔：
约 **3 400** 米

印加帝国道路总长：
约 **40 000** 千米

库斯科在1510年的人口数：
约 **200 000** 人

库斯科如今的人口数：
约 **400 000** 人

特诺奇蒂特兰城

1520 年前后

阿兹特克人相当骁勇善战,他们缔造了一个帝国,横跨如今的墨西哥地区,并把首都建在湖中央的一个沼泽岛屿上。在这座令人惊叹的城市里,到处是金字塔形的庙宇、巨大的宫殿,运河网络遍布全城。

特佩亚卡克

特斯科科湖

根据传说,阿兹特克人曾被告知,倘若他们在哪里见到有只鹰栖息在一棵仙人掌上,便要在那个地方建造属于他们自己的城市。

← **特拉科潘**

运河

阿兹特克人用运河来运送货物。

堤道

三条长长的堤道将特诺奇蒂特兰城与湖岸相连。堤道上建有吊桥。吊桥拉起后,这座城市就会变为一个堡垒。

神庙区域

墨西哥谷

这片辽阔的高原海拔约2000米。

伊斯塔帕拉帕 ↓

浮岛

人们在这些人造岛屿(位于主城区内)上种植庄稼。由于没有大型动物提供粪便给庄稼施肥,人们会收集人类的粪便作为肥料使用。

神庙区域

这是宗教生活的中心，许多重要的宗教仪式（包括活人献祭）都在这里举行。

大神庙
在这里，数百名男女（包括儿童）会被当作祭品献给阿兹特克人的神灵。能成为敬神的祭品被视为一种巨大的荣耀。

泰马拉卡特尔
这是一块角斗士石。战争中的俘虏被逼着在这里进行格斗。

← 特佩亚卡克

头骨陈列架
献祭仪式中的牺牲者的头骨被陈列在这里。据说，有些架子可以容纳近60 000个头骨。

球场
阿兹特克人最流行的游戏叫作"尤拉玛利兹里"，这是一种对他们而言极为重要的球类游戏。球场内有时还会进行正式的比赛——比赛结束后，会有一整支参赛队伍被当作祭品献给神灵。

特拉科潘 ↓

魁扎尔科亚特尔神庙

皇宫
这座巨大的宫殿是专门为阿兹特克人的领袖蒙特苏马二世建造的。宫殿里有300个房间、许多美丽的花园，甚至还有一个动物园！

伊斯塔帕拉帕

大市场
每天都有成千上万人涌入这里买卖东西，交易的货物从红薯到鹦鹉，应有尽有。

特诺奇蒂特兰城的生活

阿兹特克人美丽的岛屿首都特诺奇蒂特兰城如今被掩埋在墨西哥首都墨西哥城的地下。回望500多年前，当欧洲人尚未踏足特诺奇蒂特兰城时，城内居民的生活与欧洲人的相比既有许多相似之处，也存在一些巨大的差异。

阿兹特克人的生活

到1519年时，可能有多达30万人住在特诺奇蒂特兰城。一个人或一个家庭住得越是靠近市中心，地位就越高。豪华的双层楼房是给贵族和重要的武士居住的。普通人则住在只有一层的平房里。如果普通人的房屋超过单层，那他受到的惩罚将是被处死！

保持清洁

在当时的许多欧洲城市里，人们直接往街道上倾倒夜壶。特诺奇蒂特兰城的情况则大不相同：数千名奴隶和仆从保持着城市的清洁，两条高架渠将淡水引入城市，城里的每个区域都建有公共浴室和公共厕所，粪便则被收集起来，用独木舟运到农田当作肥料使用。

人人都能上学

阿兹特克人的男孩和女孩去不同的学校上学，普通家庭和贵族家庭的儿童都有各自不同的学校。女孩的教育集中在如何照顾家庭上，男孩长大后则可能成为农民、商人或武士。所有儿童都要接受宗教教育，有些儿童长大后会成为神职人员。

特诺奇蒂特兰城数字档案

特诺奇蒂特兰城的面积：约 **13** 平方千米

现代墨西哥城的面积：约 **1 525** 平方千米

宗教献祭

在大神庙的顶部，每年都有数百人被当作祭品献给神灵，这些献祭仪式可能会令现代人毛骨悚然。尽管我们会觉得不可思议，但是在当时，能被选中用自己的心脏和鲜血来供养神灵被视为一种巨大的荣耀。献祭仪式中的牺牲者通常是最强壮、最英俊的战俘，有时也可能是奴隶、球类游戏"尤拉玛利兹里"的参与者，或者是普通的成年人和儿童。

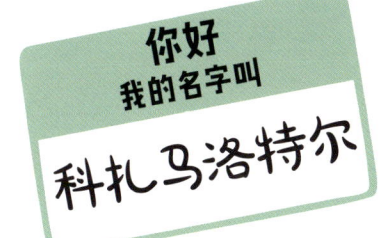

你好 我的名字叫 科扎马洛特尔

名字的意义

阿兹特克人会起一些富有诗意的名字，比方说女孩名"科扎马洛特尔"（意思是"彩虹"）和男孩名"维兹林"（意思是"蜂鸟"）。男孩和女孩都能叫"埃兹特利"这个名字，意思是"血"！

★ 著名人士 ★

当西班牙人于1520年抵达特诺奇蒂特兰城时，蒙特苏马二世是阿兹特克人的皇帝。他对入侵者表示欢迎，因为当时他可能正在给对方的首领埃尔曼·科尔特斯设陷阱。后来，蒙特苏马二世在被西班牙人关押期间死亡。

蒙特苏马二世

一个时代的终结

在短短几年内，西班牙人杀掉了蒙特苏马二世的所有继承人，还将阿兹特克人变为奴隶。他们毁掉了特诺奇蒂特兰城，在它的废墟上建造了自己的城市。许多阿兹特克人死于可能是欧洲人带来的疾病，但也有很多人活了下来，成为新建立的墨西哥城的一分子。

墨西哥 — 特诺奇蒂特兰城

特诺奇蒂特兰城在16世纪20年代前后的人口数：将近 **300 000** 人

现代墨西哥城的人口数：约 **22 000 000** 人

德里

约 1660 年

印度的德里及其周边地区已有3 000多年的人类居住史。几个世纪以来，人们在同一个区域建造过许多不同的城市。每当一个城市被攻占或被摧毁，人们便会在附近建起一个新的城市。1638年，莫卧儿王朝的皇帝沙贾汗改建首都，并将德里改名为沙贾汗纳巴德（如今被称为"旧德里"）。城内还有一座令人印象深刻的红堡，从高处守卫着布满房屋和商店的街道。

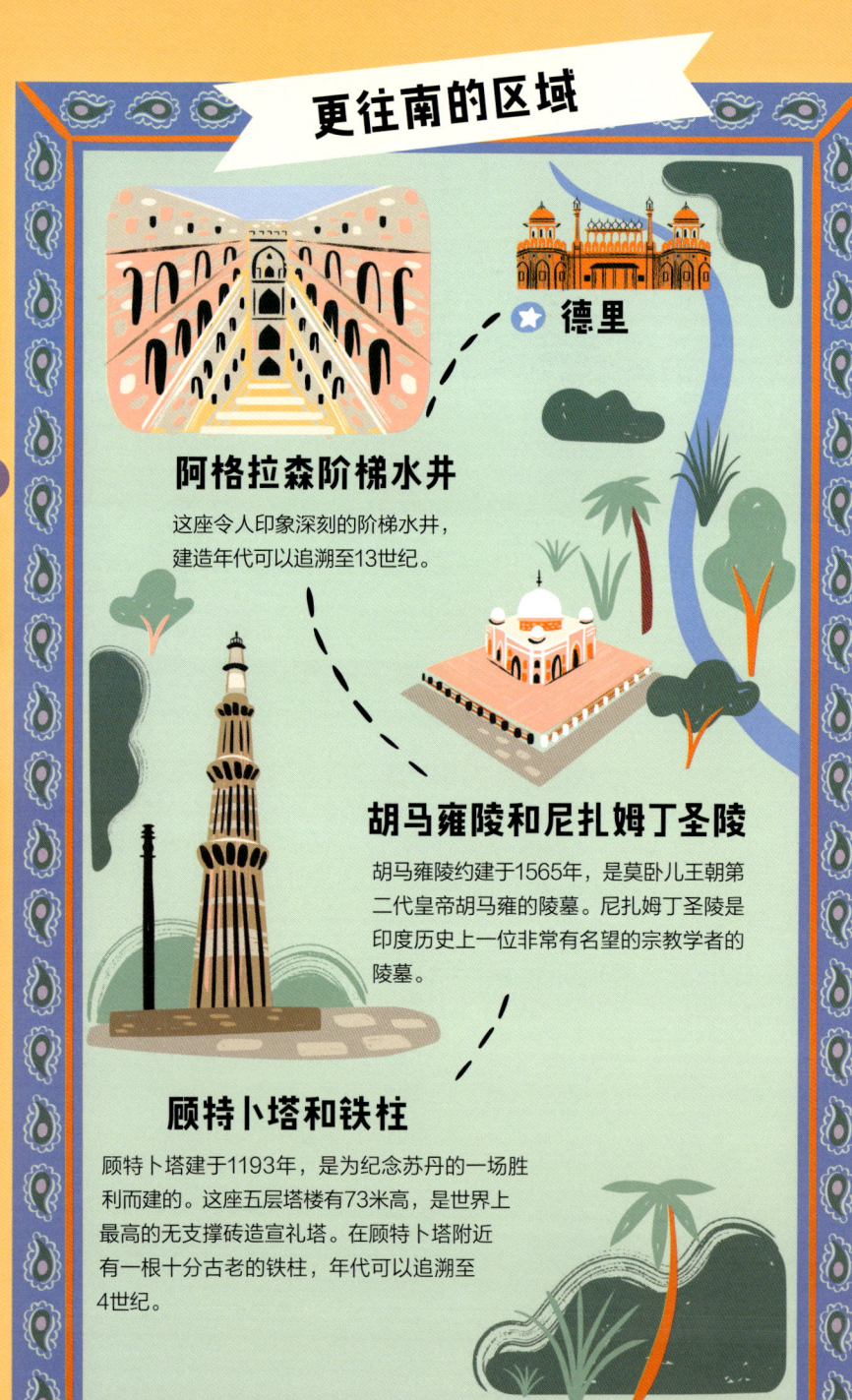

更往南的区域

阿格拉森阶梯水井

这座令人印象深刻的阶梯水井，建造年代可以追溯至13世纪。

胡马雍陵和尼扎姆丁圣陵

胡马雍陵约建于1565年，是莫卧儿王朝第二代皇帝胡马雍的陵墓。尼扎姆丁圣陵是印度历史上一位非常有名望的宗教学者的陵墓。

顾特卜塔和铁柱

顾特卜塔建于1193年，是为纪念苏丹的一场胜利而建的。这座五层塔楼有73米高，是世界上最高的无支撑砖造宣礼塔。在顾特卜塔附近有一根十分古老的铁柱，年代可以追溯至4世纪。

贝古姆庭院

当地一个种着草木的开阔庭院。庭院周围是一条条设有巴扎的街道。

集市

月光集市大道周围到处是狭窄而拥挤的街道，街道两旁挤满一家家商店，出售的商品从香料、织物、地毯、首饰到皮披肩、被子、纸张，应有尽有。顾客们会讨价还价，力争用最低的价格买到自己想要的东西。

卡兰清真寺

这座清真寺建于1387年。

阿吉梅丽门

德里14座城门中的一座。

红堡

这座令人惊叹的堡垒宫殿是莫卧儿王朝皇帝阿克巴兴建的，历时9年才建造完毕，后又经皇帝沙贾汗改建。红堡因其用红色砂岩建成的城垛而得名。它有六个出入口，堡内有皇室套房、浴室、塔楼和亭台楼阁，许多房间都用金银和宝石加以装饰。

沙希塔
沙贾汗最喜欢的工作地点之一。

查哈塔集市
红堡旁边的一个带顶的巴扎，专门出售丝绸、首饰等奢侈品。

接见厅
一个由60根石柱支撑的宏伟大厅。皇帝每天在这里接见臣民。

拉合尔门
用红色砂岩建成的红堡的主入口。

月光集市大道
这条大道是为举行游行仪式而修建的。游行队伍从红堡出发，途经拉合尔门，抵达巨大的贾玛清真寺。

贾玛清真寺
这是印度最大的清真寺，5 000名劳工用了6年时间才将它建好。它在当地被称为"星期五清真寺"，可以同时容纳约2万人在此祷告。

城墙
城墙最初是用泥土修建的，后来泥土被红石取代。城郊地带也被围在墙内。

土库曼门

河 这条长度约为1 385千米的河流经红堡。

德里数字档案

原先德里城墙的城门数量:

14 个

保存至今的城门数量:

3 个

德里在1660年的人口数:

约 **50 000** 人

如今印度首都新德里的人口数:

约 **28 500 000** 人

德里的生活

德里位于印度北部的中心区域,外来者要想从北部入侵印度,往往要途经德里。由于德里的地理位置非常重要,入侵者的军队在占领这座城市后,往往会决定留在这里或在此地建造属于自己的"更高一级"的城市。德里因此而成为世界上最古老的持续有人居住的地区之一,也是世界上作为首都时间最长的城市之一。

帝国建造者

在1526年至1707年间,前后有6任莫卧儿王朝的皇帝统治过印度。这些统治者不仅有卓越的军事才能,还建立了一个相对稳定的、具有包容性的政权,将信仰不同宗教的人吸纳其中。莫卧儿王朝统治时期是印度艺术、文学和科学发展的黄金时代。莫卧儿王朝的皇帝们对建造令人惊叹的建筑有着特殊的热情。

野生动物

德里被茂密的松树林环绕着,林中生活着许多种野生动物。印度象的体形比它们的非洲远亲要小,是容易驯养的聪明动物。它们被用来运送人和货物,以及搬运大型建筑材料。

美丽而典雅的泰姬陵

位于阿格拉城的泰姬陵是世界上最著名的建筑之一。它同样是由皇帝沙贾汗下令修建的。沙贾汗希望把泰姬陵建成一座公园式陵墓，在尘世打造出天堂花园的景观。用来修建泰姬陵的白色大理石石材由大象从300多千米以外的地方运来的——当然，不是一次性运来的！

20 000名劳工用了超过17年时间才将泰姬陵建好。莫卧儿王朝的建设者们认为花是天堂的象征，所以泰姬陵的地面、墙壁和天花板上遍布着精细而复杂的花卉图案。这座令人惊叹的建筑被描述为"一篇祷文，一个幻象，一场梦境，一首诗歌，一桩奇迹"。泰姬陵通常被视为爱情的有力象征。

富于启发性的艺术

定都于德里的莫卧儿王朝皇帝和他们的皇后都是艺术的支持者。他们尤其欣赏一种被称为"细密画"的画作。细密画往往会对动物或植物进行十分精细的描画，并且通常是画在书籍或日记本中的小型作品。皇帝们鼓励来自波斯的细密画画师移居印度。在这里，画师们的细密画风格与印度的传统文化融合在一起，使莫卧儿艺术迸发出巨大的创造力和活力。

名字的意义

根据传说，德里的城市名Delhi取自一位名叫拉加·迪卢（Raja Dhillu）的国王（相传他在公元前1世纪统治过这个地区）。多年来，这座城市有过许多名字，其中包括Dehli、Dilli和Dhilli。

家庭生活

在德里，普通人的生活是作为大家庭生活的一部分而展开的。大家庭的成员都住在同一个住宅里，成员包括姑姨叔舅、祖父母、外祖父母和同辈的表亲、堂亲，甚至常常有更远的亲戚。无论是对于家庭生活还是对于范围更大的社区生活而言，传统风俗以及宗教性的节庆和纪念日都非常重要。

阿姆斯特丹

17世纪70年代

17世纪时，阿姆斯特丹成为欧洲最成功的贸易和金融中心。当时荷兰船只运往世界各地的货物，比欧洲其他国家船只运送的总和还要多。商人们从事香料和其他稀有货物的贸易，从中赚取了巨大的利润。货物经由城市的运河网络，被送到阿姆斯特丹城内各地及更远地区的买家手中。

辛厄尔运河
这条运河自中世纪以来就环绕着这座城市，发挥着防御作用。

酿酒商运河

阿姆斯特丹王宫
这座建筑最初是作为阿姆斯特丹的市政厅兴建的。建造时使用了黄色砂岩。

国王运河
阿姆斯特丹最宽的一条主运河，开凿于1615年。

制绳厂运河

绳索
对于一个繁忙的港口城市而言，绳索是不可或缺的。制作绳索需要狭长的生产区域，以便将一股股细绳捻绕在一起。

王子运河
阿姆斯特丹最长的一条主运河，开凿于1612年，名字取自奥兰治王子。

绅士运河
也被称为贵族运河。它拥有著名的"黄金弯道"，弯道两旁的河岸上建有许多令人印象深刻的高档住宅。

水坝广场
城市的主广场。阿姆斯特尔河上的第一道水坝就建在这里。

城墙
修建城墙是为了保护城市不受外敌入侵。

股票和股份
1602年，阿姆斯特丹成为世界上第一个证券交易所的诞生地。人们在证券交易所里进行股票交易。城里的有钱人变得更加富有，他们的成功又为阿姆斯特丹及其美丽的运河网络的发展提供了资金。17世纪这个时期也被称为荷兰的"黄金时代"。

鲱鱼包装商塔楼

中世纪时城市防御工事的一部分。

老教堂

城里最古老的教区教堂。建造年代可以追溯至1213年。

阿姆斯特丹证券交易所

世界上最古老的证券交易所，建于1602年。

铸币塔

曾是城墙上的瞭望塔楼。17世纪时，这座塔曾被当作铸币所，因此得名。

阿姆斯特尔河

流经这座城市的一条河。阿姆斯特丹的城市名便是由此得来的。

拉斯塔吉

位于城市东面的一片沼泽地。如今是港口和工业区。

犹太区

阿姆斯特丹是一座宗教自由的城市，因此许多犹太人选择来这里定居。

阿姆斯特丹港

欧洲最繁忙的港口之一。早在13世纪时便投入使用。

阿姆斯特丹植物园

这个植物园建于1638年，当初是一个供医师们使用的草药园。它是欧洲最古老的植物园之一。

艾湾

北 西北 东北 西 东 西南 东南 南

65

阿姆斯特丹数字档案

桥梁的数量：
约 **1 700** 座

岛屿的数量：
约 **90** 座

阿姆斯特丹在17世纪70年代的人口数：
约 **193 000** 人

阿姆斯特丹如今的人口数：
约 **870 000** 人

阿姆斯特丹的生活

阿姆斯特丹究竟是如何从一个荷兰小城发展起来的呢？主要因素有三个：首先，这座城市的证券交易所是个新事物，它可以让商人分散他们的投资，这样就不会因为一艘船的沉没而损失所有的财产；其次，阿姆斯特丹人极为勤劳，许多人受过良好的教育；最后，这个国家有着悠久的航海历史，拥有技艺娴熟、经验丰富的水手。

处处是水的城市

阿姆斯特丹是在沼泽地上建起来的，实际上是许多岛屿的集合体。它最出名的是令人印象深刻的总长超过100千米的运河网络，为阿姆斯特丹赢得了"北方威尼斯"的美誉。年代最久远的运河环绕着城市，作为护城河发挥着防御作用。在所谓的"黄金时代"，更多的运河被开凿出来，沿岸的土地也被售出，用于建造大而昂贵的住宅。1613年，市政当局启动了一项更加雄心勃勃的运河修建计划，开凿了许多2~3米深的运河。城市的新区域经过细致的规划，道路、运河和桥梁全都被连接起来。

★ 著名人士 ★

阿姆斯特丹的"黄金时代"也是其艺术的大发展时期。艺术家们发现自己的处境非常幸福——他们正与大量富有的商人住在同一个城市里，而这些商人愿意为了艺术一掷千金。伦勃朗就是艺术家中的代表人物。伦勃朗还是个年轻小伙子时，就已搬到阿姆斯特丹居住。他和他的学徒为任何有能力支付酬劳的人（尤其是富商）绘制肖像画，不仅速度快，数量也很多。尽管伦勃朗的脾气出了名的坏，追随者们仍旧喜爱他的作品，他的艺术工作室也成为荷兰最大的艺术工作室之一。如今，伦勃朗被认为是艺术史上最伟大的画家之一。

伦勃朗

跨国公司的诞生

"黄金时代"的阿姆斯特丹不仅是世界上第一份定期出版的英文报纸的诞生地，还见证了世界上首个跨国公司的诞生。那时，只有财力雄厚的政府才有能力在本国以外的地方开办公司。阿姆斯特丹的证券交易所开始运营后，一些较小的贸易公司联合起来，组成了荷兰东印度公司，该公司被授予独家经营荷兰香料贸易的权利，时限是21年。作为唯一一家获准进口高利润香料的公司，荷兰东印度公司很快变得像一个小国家一样强大，还拥有了自己的船队和海军。

郁金香热

荷兰人热爱花卉，尤其是郁金香。在"黄金时代"的阿姆斯特丹，人们为郁金香而疯狂，郁金香球茎的价格高得出奇。人们把购买郁金香球茎作为一种投资，期望以更高的价格将它们转手出售，从中获取巨大的利润。花的颜色越是奇特，价格就越高。一株颜色异常鲜艳的郁金香球茎的价格曾经竟达到一个木匠全年收入的10倍！如此离谱的价格不可能长期维持，当郁金香热消退时，球茎的价格突然下跌，导致许多人损失惨重。

阿姆斯特丹

荷兰

一个时代的终结

在历经约100年的成功之后，荷兰由于持续与英、法等国展开耗资巨大、破坏性极强的战争而走向衰落。在全球的贸易路线上，来自阿姆斯特丹港的船只渐渐被其他国家更新、更快的船只所取代。

巴黎

1789 年

18世纪晚期的巴黎是个贫富两极分化的城市。国王路易十六和王后玛丽·安托瓦内特过着奢华的生活，以绝对的权力统治着法国。与此同时，许多普通民众却生活在极度的贫困之中。最终，法国民众的愤怒突破了极限，引发了法国大革命，国王和王后被公开处死，法国则首次成为一个共和国。

革命广场
路易十六和玛丽·安托瓦内特王后后来在这个公共广场上被处死。

杜伊勒里公园

卢浮宫
世界上最著名的艺术品收藏地之一。

荣军院穹顶教堂
这座奢华的教堂是受"太阳王"路易十四的委托建造的，供王室成员使用。

西堤岛
这座小岛是巴黎第一个有人居住的区域（时间是公元前250年前后）。最早的定居者被称为"巴黎西人"（Parisii），巴黎的城市名就是由此得来的。

荣军院
这是为受伤的法国军人建造的医院和长期收容所。持续不断的战争使这里变得非常繁忙。

凡尔赛宫
↙ 向西南20千米

凡尔赛宫是国王的宫殿。它是欧洲最大的宫殿，其建筑和花园之壮观闻名遐迩。

包税人城墙

1784年由国王路易十六下令修建，一方面是为了保卫巴黎，另一方面是为了能够向进入城市的货物征税。

圣礼拜堂

归于拥有令人惊叹的彩色玻璃窗，这座教堂被称为"光之奇迹"。

皇宫

巴士底狱

1789年，愤怒的法国民众冲进巴士底狱，要求监狱长交出存放在那里的武器。监狱长拒绝了这一要求，警卫向人群开枪，有200多人被杀。尽管如此，监狱最终还是被攻占。民众把监狱长的头颅插在长矛上庆祝胜利。攻打巴士底狱拉开了法国大革命的序幕。

巴黎圣母院

巴黎最古老和最令人印象深刻的建筑之一。历时近200年才建造完毕。

圣安东尼区

如兔子窝一般拥挤的区域。狭窄的过道和街道两侧分布着市场、肉铺、木匠铺、印刷厂和其他店铺。

先贤祠

卢森堡公园

巴黎最美的公园之一。公园内有喷泉、雕塑和堪称完美的草坪。

国家图书馆

国家图书馆内藏有1537年以来印制的所有法国书籍的副本。

塞纳河

圣马塞尔区

这里有一家散发着恶臭的鞣皮厂（制造皮革的工厂），还住着许多贫穷的人。

地下墓窟

巴黎地底下的旧矿井里，装满了从拥挤不堪的城市墓地运来的数百万具骸骨。

巴黎的生活

18世纪80年代，连年的农作物歉收加上极为寒冷的冬季导致许多巴黎人差点儿被饿死。在当时的巴黎，贫穷意味着一无所有——没有工作，没有御寒保暖的衣服，没有住处，甚至常常连面包皮都吃不上。

富人和穷人

富人住在豪华的大房子里，享用着女仆送到他们面前的食物，从不缺吃少喝。穷人的处境则截然不同——他们常常什么吃的都没有，甚至没有一个可以称为"家"的栖身之地。富人家的孩子有自己的私人教师，而大多数穷人家的孩子甚至不识字。富人家的孩子玩的是木制动物、瓷娃娃等玩具，有时甚至还玩可怕的断头台玩具（就是用来砍掉国王和王后脑袋的那种断头台的微缩版！），而穷人家的孩子却只能凑合着玩粗制滥造的木娃娃。

健康危机

在拥挤而肮脏的城市中，疾病很常见。出生在贫穷家庭的儿童只有50%的机会能活过1岁！即便在富裕的家庭中，由于糟糕的卫生条件和缺乏医学知识，许多儿童也没能活到成年。

恐怖统治时期

事实证明，摆脱君主制比建立一个新的、更为公平的政治体制要容易得多。在君主制被推翻后那20年中，大半时间里，巴黎都是一个危险且充满暴力的城市。新成立的公共安全委员会接管了革命政府，逮捕了近30万涉嫌"反对"革命的人。被逮捕的人中，至少有17 000人被处死，其中一些是年仅10岁的儿童，还有大量的人死在监狱里，有的甚至没有经过审判。

★ 著名人士 ★

玛丽·安托瓦内特王后出生在奥地利，年仅14岁就嫁给了未来的法国国王。由于法国经常与她的祖国交战，她在法国并不受民众欢迎。18世纪80年代，当许多法国人几乎吃不起饭的时候，她在服装和假发上挥霍无度，更加不得人心。当被告知民众因为没面包吃而感到愤怒时，据说她的反应是："那就让他们吃蛋糕呗。"

玛丽·安托瓦内特

法 国

巴黎

《人权宣言》

作为法国大革命的直接产物，一份名为《人权和公民权宣言》（简称《人权宣言》）的文件被拟定出来。这是世界上第一份清晰地阐述有关人的尊严、权利和平等思想的宣言。

"咔嚓！""咔嚓！"

断头台是一种令人毛骨悚然的执行死刑的机器——斩刀从高处落到犯人的脖子上，"咔嚓"一声砍下他们的脑袋。在法国大革命期间，死刑犯不论男女，也不论是普通窃贼还是王室成员，都会被判处用断头台行刑。对富人和穷人采用同样的处决方式，被认为是"人人平等"的象征。

盛放头颅的容器

新秩序

尽管采取了残酷的手段，革命政府还是未能稳固住自身的地位，几年后，政权就被法国军队中成就最高的军官拿破仑·波拿巴夺取。几年后，拿破仑自封为皇帝，法国再次成为君主制国家。

巴黎数字档案

法国大革命期间被处死的人数：
约 **17 000** 人

巴黎如今的城市面积：
约 **105** 平方千米

巴黎在1789年的人口数：
约 **600 000** 人

巴黎如今的人口数：
约 **2 180 000** 人

悉尼

1836年

数万年来，澳大利亚的土著人一直生活在一个美丽的天然港口的海岸上。1788年，来自世界另一头的欧洲人抵达这里，建立了一个监狱殖民地，从此彻底改变了澳大利亚土著人的生活。不到100年的时间，这个殖民地就已发展为澳大利亚的第一个城市——悉尼。

悉尼港和澳大利亚土著人

当英国船只于1788年抵达后来的悉尼港时，港口附近生活着数千人。这些人是澳大利亚土著居民的一部分。澳大利亚土著人有29个不同的部族，如生活在悉尼以南的加迪加尔部族。如今，许多土著人后裔仍然生活在悉尼港周边区域。

岩画艺术

在悉尼周边的砂岩上，刻绘着数百幅描绘鱼、鲸、陆地上的动物以及人的图画。这些岩画由澳大利亚土著人在数千年间绘制，为的是记录他们的生活和信仰。

军用医院

圣菲利普教堂

达令港

达令港

船只满载着来自中国、印度、美国和英国的货物。

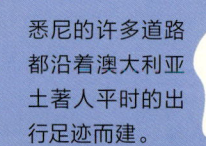

← 向西26千米

男子孤儿学校

尽管学校的名字里有"孤儿"二字，被送到这里上学的儿童却并非全是孤儿。男孩们在这里学习基础的数学知识和读写，并于15岁左右毕业离校，成为农场的劳工或商人的学徒。

悉尼的许多道路都沿着澳大利亚土著人平时的出行足迹而建。

古代道路

悉尼港

悉尼湾
第一批载有英国囚犯的船只在这里抛锚靠岸。悉尼湾是澳大利亚土著人的聚集地，被他们称为"Warrang"。19世纪末，当局宣布禁止土著人进入这片区域。

本纳隆角
殖民地的第一任总督阿瑟·菲利普让人在这里为一个叫本纳隆的人建了一座住宅。本纳隆是个澳大利亚土著，最初被殖民者俘虏，但后来成了总督的朋友。如今，这里是悉尼歌剧院的所在地。

总督府
总督的住宅，也是悉尼最古老的建筑之一。

农场湾
澳大利亚土著人把这个地区称为"Wuganmagulya"，各部族会聚集在这里举行仪式。尽管这个地方对澳大利亚土著人来说很重要，英国人还是把它接管过来，并尝试在这里种植庄稼，不过没能获得多大的成功。

水库河
自从英国人到来后，这个加迪加尔人的主要水源就被污染得再也无法供人饮用。

女子工业学校
女孩们在这里学习基础的数学知识和读写。

总督府马厩

总督府领地

伍卢穆卢湾

圣詹姆斯教堂

囚犯医院

囚犯住所
定居点刚建成时，囚犯们住在简陋的棚屋或帐篷里，还被派去为新定居点修建道路、房屋和公共建筑。

风车磨坊
当地第一座风车磨坊建在弗拉格斯塔夫山上，用来为殖民地制造面粉。这座风车磨坊据说是当时悉尼最高的建筑。

海德公园
悉尼的中央公园，得名于英国伦敦著名的海德公园。

澳大利亚博物馆
澳大利亚最古老的博物馆。

兵营

悉尼的生活

悉尼地区最早的居民生活在一个个小群体中，吃的是从海里捕获或是在陆地上狩猎、采集到的食物。18世纪末，他们的生活方式开始发生巨大的变化。到19世纪30年代时，悉尼已经发展为一个城市。许多澳大利亚土著人直到今天仍然生活在那里。

澳大利亚

悉尼

来了个英国人

1770年，詹姆斯·库克船长在悉尼附近的植物学湾登陆，成为第一个踏上澳大利亚东海岸的欧洲人。他在北部的占领岛上插了一面旗帜，全然不顾这里已经有人居住，并宣称东澳大利亚从此归英国所有，然后再次起航，去世界的其他地区探险。

惩罚和囚船

悉尼最初是一个用来安置囚犯的殖民地。在当时的英国，从仅仅偷了一块面包到犯下谋杀等可怕的罪行，都有可能被绞死。不过，有些罪犯并没有被处死，而是被船只运往遥远的殖民地。

1787年，11艘船从英格兰出发，将700多名囚犯运往澳大利亚。囚犯中有男人，也有女人，还有年仅9岁的儿童。他们中的大多数被判定犯有盗窃罪，许多人其实只是由于饥饿而偷了食物。起初，囚犯在殖民地的生活条件非常恶劣，要面对食物短缺、突发疾病和残酷的惩罚。

悉尼数字档案

悉尼如今的人口数：
约 **5 300 000** 人

从英格兰运到澳大利亚的囚犯人数
约 **160 000** 人

澳大利亚土著人和新移民

可能由于英国移民带来了新的疾病，大量澳大利亚土著人死亡——在最初的几年内，有大量的澳大利亚土著人丧命。定居者还接管了土著人的土地、猎场和水路，而且他们中的大多数人一点儿都不尊重土著人的文化。

一些土著人认为与移民合作是最好的生存方式，其他人则决定战斗，许多土著人被杀死。后来，随着城市在此地发展起来，幸存者们找到了在祖祖辈辈生活的土地上继续生存下去的新方式。1938年1月26日，在第一批运送囚犯的船只抵达澳大利亚150年后，悉尼的土著人和他们的支持者组织了一个哀悼日，就他们遭受的对待提出抗议。这是为澳大利亚土著人争取平等权利迈出的重要一步。

悉尼的生活

到19世纪30年代时，虽然囚犯仍被陆续运往悉尼，但在长达3个月的艰苦旅程尽头等待着他们的，是一个欣欣向荣的新城市。在当时的悉尼，被释放的囚犯与从英国来到这里寻求新生活的人住在一起，居民中还有澳大利亚土著人——他们由于自己的土地被夺走，也被迫来到这座城市中生活和工作。

★ 著名人士 ★

邦加瑞出生在悉尼北面的布罗肯湾。英国人抵达这里后，邦加瑞曾帮助他们在沿澳大利亚海岸航行期间与其他土著部族进行交流。邦加瑞充当了中间人的角色，为自己的部族和新移民提供帮助，还常常在重要访客抵达悉尼时迎接他们。

最小的囚犯的年龄：**9**岁

如今住在悉尼的澳大利亚土著人数量：约**70 000**人

曼谷

1850 年

昭披耶河

暹罗（如今被称为泰国）的首都曼谷建于1782年。当时，新登基的国王拉玛一世决定将都城从昭披耶河的一侧迁到另一侧，以使都城避免遭受攻击。曼谷迅速发展成为一个拥有富丽堂皇的宫殿和令人惊叹的庙宇的城市，城里还分布着纵横交错的运河网络。

王室火葬场
（后来更名为"沙南銮"）

这里最初是王室成员举行重要仪式的场所。

金钟寺

这座庙宇位于昭披耶河的另一侧，与大王宫隔河相对。寺内有5座金钟。

大王宫建筑群

位于曼谷的一个"城中城"，有100多座建筑，其中包括大王宫和玉佛寺。

卧佛寺

曼谷最大、最古老的庙宇。寺内有一尊46米长的侧卧着的佛陀金像。

黎明寺

这座令人惊叹的庙宇里有一座近80米高的佛塔，塔表面覆盖着用上釉瓷片制成的彩色饰物。

罗普科隆运河

王室驳船

王室驳船是用柚木制成的，并用黄金精心装饰。在某些特殊典礼上，可能会有200多艘驳船同时出现在河面上。

大王宫建筑群

这个位于曼谷的"城中城"是王室成员的住所。建造它的材料来自昭披耶河对岸的吞武里和被毁的旧都阿瑜陀耶城。

翡翠玉佛

这座雕像由一整块实心翡翠玉石雕刻而成。相传玉佛能给拥有它的王国带来好运。

大王宫

这座令人印象深刻的宫殿是仿照北方被毁的旧都阿瑜陀耶城里的古老宫殿建造的。

玉佛寺

这是整个暹罗最神圣的一座庙宇。寺内有一尊翡翠佛像。

拉塔纳科辛岛

这座人工岛屿起初是设有防御工事的城市中心,它是通过在河流拐弯处开凿运河而形成的。

水路系统

由天然水路和人工水路组成了水上交通网络。

城墙

这道令人印象深刻的砖墙是为保护新首都不受攻击而修建的。

水上集市

三聘街

19世纪50年代,曼谷的城市人口中大约有一半是华人。这个具有历史意义的集市区成了曼谷的"中国城"。

北 / 东北 / 东 / 东南 / 南 / 西南 / 西 / 西北

曼谷的生活

曼谷建成的时间距今不超过250年，是世界上最年轻的首都之一。"曼谷"是这座城市的非官方名字，意思是"野梅村"，指的是被选为新首都所在地之前这里存在的一个小渔村。在全新的都城里，人们又过着怎样的生活呢？

水路城市

在曼谷，人们利用与昭披耶河相通的运河航道网络出行。乘坐"水上出租车"是最快捷的出行方式，许多人还住在水上船屋里。

曼谷还有水上集市。人们在一组组停泊在一起的小船上出售五颜六色的鲜花、新鲜的水果蔬菜以及香料。每条船都满载着货物，买卖双方都会讨价还价。

泰国 / 曼谷

宗教信仰

不论过去还是现在，宗教习俗都为曼谷带来了不少大生意。许多泰国人会佩戴至少一个带有佛陀或僧侣形象的护身符或吉祥饰物，以求获得保佑。如今，你依然能在专门的市场上买到护身符，这些市场通常位于寺庙附近。

家庭和企业也有自己的"灵屋"。"灵屋"是一个经过装饰的小型带顶建筑物，由一根小柱子支撑着，放置在房屋周围的某个角落里。人们会定期供奉米、甜品、水果、饮料等供品，以求得神灵的保佑。

名字的意义

泰国人把曼谷称为"Trung Thep"（意为"天使之城"），这是这座城市在举行仪式时使用的正式名称的缩写。完整的城市名是"天使之城，宏伟之城，翡翠玉佛之居所，坚不可摧的因陀罗神之城，被赠予九颗宝石的宏伟世界之都，拥有天宫般巍峨的王宫的幸福之城，一座由因陀罗神赐予、毗首羯摩天建造的城市"。据官方说法，这是世界上最长的地名！

佛教

在曼谷，许多人信奉小乘佛教。这是一种在东南亚发展起来的佛教派别。寺院过去也是学校，儿童从小就在这里学习佛教的各种规范。男孩从7岁起就可以成为见习僧侣。

佛寺里有什么？

曼谷的佛寺被称为"wats"，它们是教育、医学和宗教的中心。佛寺内有许多佛像。为了向佛陀表达敬意，佛寺的内外两侧通常都覆盖着运用雕刻、镀金、绘画和镶嵌等工艺制成的饰物。

用时间缴税

19世纪初，曼谷的普通劳动者不是用金钱缴税，而是用时间缴税。每个平民每年都要免费为政府工作固定的天数。这意味着政府总是有大量的劳动力，可以用来修建新城墙或开凿新运河。除了源自税收制度的劳动力外，政府还会把战俘当作劳力来使用。不过，前面提到的这种税收制度在19世纪末已被废止。

曼谷
数字档案

曼谷城在1850年时的面积：
约 **4** 平方千米

曼谷如今的面积：
约 **1569** 平方千米

曼谷在1850年的人口数：
约 **255 000** 人

曼谷如今的城区人口数：
约 **830 0000** 人

伦敦

1880 年

到1880年时，英国的伦敦已经成为世界上最大的城市之一，拥有约550万的人口。当时在位的君主是统治期很长的维多利亚女王，她建立了一个覆盖全球陆地面积四分之一的帝国，伦敦也迅速发展成为一个现代城市。这座城市位于一个庞大的全球贸易网络的中心，货物源源不断地从世界各地涌入这里，也从这里流向世界的每一个角落。

摄政

动物园

摄政公园
这个公园归君主所有，但向公众开放。

索霍区
这个区域有很多酒吧、餐馆和娱乐场所。

大英博物馆
世界上最古老的公共博物馆之一。

特拉法尔加广场
为纪念英国海军在1805年的特拉法尔加战役中击败法国人而建的大型公共广场。广场中央的纳尔逊纪念柱顶部塑有当时率领舰队的海军上将纳尔逊的雕像。

国家美术馆

海德公园

九曲湖

白金汉宫
英国君主在伦敦的住所。三个主要楼层共有600多个房间。维多利亚女王是第一位把这里作为正式寝宫的君主。

议会大厦
这是英国政府的所在地，也是议会议员辩论并通过新法律的地方。

自然历史博物馆

威斯敏斯特教堂
伦敦最古老的建筑之一。自1066年以来，几乎每位英格兰君主都在这里加冕。

大本钟
尽管人们常用"大本钟"来称呼整座塔楼，但这其实只是塔内悬挂着的那口会在整点敲响的大钟的绰号。塔楼本身的名字是"伊丽莎白塔"。

运 河

维多利亚公园
东伦敦居民向女王请愿后，建造了这个公园。它为生活在这个过于拥挤的地区的人提供了新鲜的空气、开阔的空地，还有一个可以游泳的湖泊。

北 西北 东北 西 东 西南 东南 南

伦敦地铁
这是世界上首个被称为"地铁"的地下列车系统，于1863年向公众开放。在煤气灯的照明下，木制车厢由蒸汽机车牵引着在地下穿行。

伦敦市政厅

伦敦东区
伦敦的贫民窟大多位于城市的东侧。

运河
运河网络使货物能够在英国中部的制造业中心和英国的其他地区之间流动。

圣保罗大教堂
这座拥有著名穹顶的大教堂于1710年完工，之前那座大教堂在伦敦大火中被毁。现在这座大教堂是由克里斯托弗·雷恩爵士设计的。

伦敦金融城
伦敦的银行业中心和金融中心。证券交易所和英格兰银行都设在这里。

伦敦塔
这座令人印象深刻的建筑是由征服者威廉在11世纪70年代建造的。在最近的900年中，伦敦塔曾被当作城堡、宫殿、动物园和监狱使用。如今，它由著名的伦敦塔卫兵守卫着。

河口城市
伦敦靠近泰晤士河的入海口，这个地理位置为这座城市发展成为国际贸易中心提供了便利。

博罗市场
一个繁忙而热闹的市场。它的历史可以追溯至1014年左右。

萨瑟克大教堂

泰 晤 士 河

码头
这些繁忙的码头与伦敦的运河相连，人们在这里装卸将被运往世界各地的和从世界各地运来的货物。

大恶臭
在许多年里，未经处理的垃圾都被直接排入泰晤士河，这导致了疾病的暴发，造成成千上万人死亡。1858年的那个格外炎热的夏天，河水散发的恶臭终于让伦敦人忍无可忍。"大恶臭"使城市当局意识到必须采取一些措施，工程师约瑟夫·巴扎尔杰特提出了一个新的下水道系统方案。

造船厂
造船业曾经是伦敦的一个重要行业。然而，到1880年时，只有少数造船厂幸存下来。

伦敦数字档案

1880年时伦敦地铁站的数量：
49个

如今伦敦地铁站的数量：
超过**270**个

伦敦在1880年的人口数：
超过**5 500 000**人

伦敦如今的人口数：
约**9 000 000**人

伦敦的生活

英国的首都伦敦在维多利亚女王统治期间得到了巨大的发展，这个时期被称为"维多利亚时代"。到19世纪末，伦敦的人口数已经从1800年的100万左右增长到600多万。这是一个巨变的时代——不仅城市本身在变，伦敦人的日常生活也发生了巨大的变化。

伦敦贫民窟

伦敦的部分地区很脏也很危险，而且疾病肆虐。大量的穷人住在环境恶劣的贫民窟里，那是一个个拥挤不堪的街区，到处是漏雨、寒冷和有安全隐患的房屋。条件最差的贫民窟大多位于伦敦东区，在那里，穷人常常全家挤在一个房间里艰苦度日。此外，疾病是个始终存在的威胁，拥挤而潮湿的环境又进一步加速了疾病的传播。

活着不容易

在19世纪80年代，对于许多伦敦儿童来说生活是很艰难的。真的相当艰难！当时，新颁布的法律规定所有年龄在5岁至13岁的儿童都必须上学，但这并不是免费的。每送一个孩子去上学，每周至少要花1便士——对于许多贫困家庭来说，这实在是太贵了！许多儿童还得帮家里挣钱，风雨无阻地在街上叫卖鲜花、水果或火柴，不仅工作时间很长，而且十分辛苦。

著名人士

从1837年到1901年，维多利亚女王统治了英国64年。她在漫长的统治期内见证的变化，或许比其他任何一位君主都多。在监管自己的大家庭的同时，维多利亚女王也参与国家事务及各项决策。在丈夫阿尔伯特于1861年去世后，维多利亚女王进入了漫长的哀悼期，臣民见到她的机会从此大大减少了。

维多利亚女王

英国

伦敦

轨道交通

到1880年时，铁路已经对伦敦和伦敦市民的生活产生了巨大的影响。不断扩张的铁路网络将首都与全国其他地区连接起来。在伦敦市内，世界上最早的地铁线也已经开通，使更多人有了快速、安全、负担得起的出行方式。不过，载着乘客的车厢被靠烧煤提供动力的蒸汽机车牵引着在地下穿行，机车还冒出滚滚浓烟，使出行环境变得相当嘈杂和肮脏。

近郊住宅区的兴起

新出现的铁路使住在城外的人也可以到城里工作，只需每天搭乘火车上下班就行了。这带来了近郊住宅区的兴起。顾名思义，近郊住宅区位于城镇的边缘，主要由住宅组成。与市中心相比，近郊住宅区没那么拥挤和脏乱。由于有更多的空间，那里的房屋可以盖得更大，并且带有更大的花园。这就是伦敦和其他世界级城市的发展方式——除了吸引更多的人到城里居住和工作，还通过吞并周边的乡村来扩张自己。

圣彼得堡

1917年

1917年11月7日的那个酷寒冬夜，俄国城市圣彼得堡（当时被称为"彼得格勒"）发生了一件大事，对世界局势产生了深远的影响。在经历了数十年战争、饥荒和统治者的残酷剥削后，工人们奋起反抗，发动了一场革命——十月革命。他们在布尔什维克党的领导下突袭了俄国政府所在地——冬宫，推翻了资产阶级临时政府，建立了苏维埃政权。

圣彼得堡旧证券交易所和灯塔纪念柱

这个证券交易所由彼得大帝创办，建于1805年至1810年间。

← 芬兰湾

斯莫伦卡河

瓦西里耶夫斯基岛

这座岛上有许多圣彼得堡最具历史意义的建筑。岛上的东部区域是以网格模式来建造的。

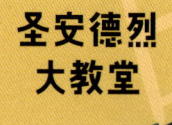

圣安德烈大教堂

大合唱犹太会堂

欧洲第三大的犹太会堂。

彼得霍夫宫
↙ 向西南36千米

位于芬尼湾沿岸的彼得霍夫宫就在圣彼得堡附近，是一个极其迷人的宫殿和花园建筑群。它由彼得大帝下令建造，目的是打造一个俄国版的巴黎凡尔赛宫。

更往南的区域

普提洛夫工厂

这是一个规模巨大的金属加工厂。1904年，工厂里的4名工人丢掉了工作。第二年年初，他们的工友决定罢工。这是引发城市更大规模抗议活动的早期事件之一。

彼得保罗大教堂

这是位于彼得-保罗要塞内的一座东正教大教堂。教堂金色尖部的顶端有一个手持十字架的天使，这是圣彼得堡的重要象征。俄国的大多数沙皇（如叶卡捷琳娜二世）都被安葬在这里。

彼得保罗要塞

这座要塞位于扎亚奇岛，是由彼得大帝在1703年下令修建的。尽管当初是作为要塞来修建的，但它在投入使用后的大多数时间里却被用作监狱。

芬兰火车站

火车从这里出发，将俄国与芬兰连接起来。

涅瓦河

这条河流经圣彼得堡汇入芬兰湾。

扎亚奇岛

也被称为"兔儿岛"。岛上的大部分区域都是被开垦的沼泽地。

缅希科夫宫

建于1710年至1729年之间，是圣彼得堡的第一座石制建筑。

艾尔米塔什博物馆

这是一个大型博物馆，藏品分布在包括冬宫在内的6座建筑物里。博物馆的300万件藏品中有世界上规模最大的绘画收藏品。

冬宫广场

这是圣彼得堡的中心广场，也是"流血的星期日"的发生地。

冬宫

在1762年至1917年间，冬宫是俄国沙皇的宫殿。十月革命之后，这里被用来存放艾尔米塔什博物馆的部分藏品。

亚历山大纪念柱

由一整块红色花岗岩雕成，据说是世界上同类纪念柱中最高的一根。它是为纪念俄国打败拿破仑率领的法国军队而建的。

海军部大楼

俄国皇家海军的总部。大楼的尖顶上有一个金色的战船形状风向标。

圣三一大教堂

也被称为特罗伊茨基大教堂。它有80米高，内部足以容纳3 000人。

涅瓦大街

数万名妇女曾在圣彼得堡的这条主街上游行示威，为自身争取投票权。

圣彼得堡的生活

圣彼得堡是俄国沙皇彼得大帝于1703年建立的。彼得大帝希望俄国能成为一个伟大的贸易国家。他明白，俄国若要成为一个真正有国际影响力的大国，就需要有一个面向欧洲的海港城市。于是，他把当地乡村的农奴用作劳力，在贫瘠的沼泽地里建造了圣彼得堡这座新城。那些农奴被迫投身劳作：排干沼泽，修建建筑物……他们中的许多人在恶劣的环境中丧命。

白夜

圣彼得堡的夏天因"白夜"而闻名。这座城市所在的纬度很高，每年5月到7月，太阳几乎不会落山，因此天色也就不会彻底黑下来。半夜时分，太阳依然低悬在空中，给城里的街道染上一层珍珠般的白色微光。

辽阔的疆域

1917年的俄国疆域非常辽阔，覆盖了整个地球陆地表面的六分之一。当时的俄国，从西面与德国的交界处向东，一直延伸至8000千米以外的太平洋！俄国当时的人口数约为1.64亿，其中80%是为有钱的地主耕种土地的农民。

穷人的艰难生活

假如你是一个生活在1917年的俄国的工人或农民，那你的日子肯定过得相当艰难。在当时的俄国，无论乡村还是城市，穷人的生活条件都十分糟糕。在圣彼得堡这样的大城市里，十几个工人同住一间臭烘烘、潮乎乎的公寓的情况也很常见。由于混合了外面街道上的垃圾和污水的臭味，房间里的气味异常难闻。工人们只能领到极低的工资，永远无法挣到足够多的钱来摆脱贫困。圣彼得堡设有许多施食点，为穷人免费提供食物。

圣彼得堡数字档案

在最初的18年间建设圣彼得堡的农奴人数：约 **540 000** 人

每个农奴每周的工作时长：约 **66** 小时

著名人士

列宁（他的本名叫弗拉基米尔·伊里奇·乌里扬诺夫）是十月革命的领导者，后来成为苏维埃国家的创建者。他被认为是20世纪最重要的思想家之一。在被流放到西伯利亚之前，他住在圣彼得堡，流放期一结束他就去了西欧。他于1917年4月返回俄国，乘坐封闭式火车抵达圣彼得堡的芬兰火车站。

列宁

流血的星期日

1905年，普提洛夫工厂的工人罢工运动引发了一场冲突，造成数百人死亡。这场"流血的星期日"在俄国各地激起了许多类似的罢工运动，并进一步加深了人们对沙皇等统治阶级的愤恨。

一个时代的终结

1918年，俄国的首都由圣彼得堡改为莫斯科。新首都位于圣彼得堡东南方向约600千米处。更换首都的原因之一，是新首都与旧首都相比距离俄国的边境要远得多，在战争中更难被入侵。

圣彼得堡在1917年的人口数：
约 **2 500 000** 人

圣彼得堡如今的人口数：
约 **5 500 000** 人

纽约

在差不多一个世纪前,纽约正忙着"长高"。当时的纽约,商业蓬勃发展,人口也迅速增长——每年有数万人从世界各地来到这里,寻求更好的生活。由于空间有限,人们开始向上(而不是向外)扩张这座城市。那一栋栋不可思议的摩天大楼永远地改变了此后人们建造城市的方式。

1931年

哈得

新泽西州

码头

埃利斯岛
抵达美国的移民在开始新生活之前,都要在这里接受登记、问询和体检。

时报广场
这个广场最初叫作朗埃克广场,1904年以《纽约时报》的名字重新命名为"时报广场"。

克林顿区(地狱厨房)

自由女神像
这座雕像是法国人民赠送的礼物。它作为自由的象征,自1886年起便在这里迎接来到纽约的人。

胜家大楼

纽约中央铁路公司

惠特妮博物馆

高线公园

华盛顿广场公园

熨斗大厦

斯塔滕岛

伍尔沃思大厦

纽约世界大楼

格拉莫西公园

华尔街
许多银行的总部都建在华尔街及其周边地区。无论过去还是现在,纽约都是美国的金融中心。

金融区

炮台公园

下东区
这个地区遍布着被称作"经济型公寓"的拥挤的高层公寓楼。许多新移民及其家人都住在这个地区。

纽约港
作为世界上最大的天然港口之一,纽约港是船只卸载来自世界各地的货物的理想场所。

布鲁克林大桥

中国城

曼哈顿大桥

威廉斯堡大桥

东河

布鲁克林

曼哈顿区

滨河公园

格兰特将军墓

哥伦比亚大学

哈莱姆区
20世纪20年代，有20万非裔来到这里生活。

上西区

中央公园
中央公园建于19世纪，如今是世界上最有名的公园之一。

纽约—哈莱姆铁路

帝国大厦
在长达40年的时间里，帝国大厦都是世界上最高的建筑。

上东区

洋基体育场

大都会艺术博物馆

最初被称为"新阿姆斯特丹"的纽约市是从曼哈顿岛上发展起来的。

克莱斯勒大厦

现代艺术博物馆

布赖恩特公园

纽约公共图书馆

服装区

钻石区

布朗克斯区

格雷西大厦

兰德尔斯岛

韦尔弗尔岛

皇后区大桥

阿斯托里亚公园

长岛

皇后区

曼哈顿区是纽约市的五个行政区之一，另外四个是：

布鲁克林区、皇后区、斯塔滕岛、布朗克斯区。

这几个行政区在1898年被合并为一个城市。

孙河

莱姆河

纽约的生活

20世纪20年代的纽约是个令人兴奋且充满吸引力的城市——至少对某些人来说是如此。城市中大量的企业使许多人变得非常富有。当时，纽约的居民人数超过世界上的任何其他城市。

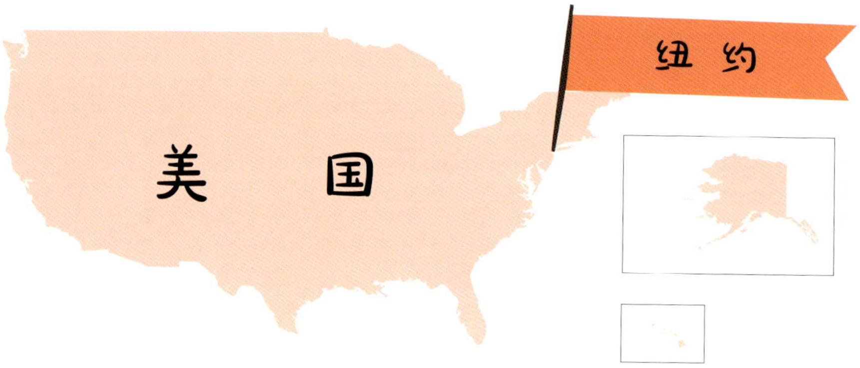

直冲云霄的城市

由于企业家拥有的财富比以往任何时候都多，加上电梯、混凝土、金属框架建筑等新发明的出现，越来越多的摩天大楼被建造出来。20世纪20年代，两栋高楼拔地而起，竞相冲上了曼哈顿天际线的最高点。建成于1930年的克莱斯勒大厦是当时世界上最高的建筑，但这个纪录第二年就被打破了。帝国大厦自1931年竣工后，在长达40多年的时间里都是世界上最高的建筑！

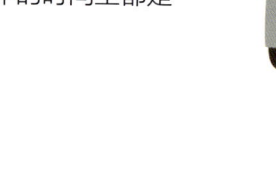

与来自世界各地的人为邻

许多移民来到纽约后，最终住进了曼哈顿的下东区，在那里创建了"小意大利""中国城"等社区。较为贫穷的家庭住在一种被称作"经济型公寓"的高层公寓楼里，全家人往往挤在同一个房间里生活。

20世纪20年代，几十万非裔从美国南部来到纽约，寻找更好的工作机会。他们大多住在哈莱姆区，他们带来的爵士乐和蓝调音乐大受欢迎，20世纪20年代也因此被称为"爵士年代"。

最早的纽约人

到20世纪30年代时，纽约已有超过300年的移民史。最早的移民是荷兰人，他们于17世纪来到这里，当时，莱纳佩人（一个约有两万人的美国土著部族）正在这个地区狩猎和耕作。渐渐地，土著居民被赶出了这片土地——驱赶他们的先是来自欧洲的移民，后来是政府。如今，许多莱纳佩人在俄克拉何马州生活。

享乐和自由

洗衣机、电冰箱等新发明的出现使富人有更多时间从事娱乐活动,比方说用新发明的无线电收音机或唱片机欣赏爵士乐。有钱购买汽车、时装、化妆品等产品的人也更多了。美国妇女在1920年赢得了投票权。此外,随着更多女孩完成学业,女性在选择自己的生活方式上开始拥有更大的自由。

大萧条

当1929年纽约股票市场崩溃时,一切都变了。这次股市崩溃导致了影响深远的经济危机,被称为"大萧条"。在这个时期,美国各地的公司纷纷倒闭,大量的人失去工作。许多家庭甚至失去了住所,沦落到无家可归的地步。来自各行各业的人排队数小时,只为领到已经不新鲜的面包,好让家人不至于被饿死。

★ 著名人士 ★

佐拉·尼尔·赫斯顿是一个非裔美国女性。她来自美国南部,20世纪20年代移居纽约。她曾在巴纳德学院(哥伦比亚大学的一部分)学习人类学。后来她成了一名作家,在自己创作的小说中颂扬非裔文化,是20世纪美国文学的重要人物之一。

佐拉·尼尔·赫斯顿

纽约数字档案

1931年时纽约最高的摩天大楼的高度:

381 米 — 帝国大厦

如今纽约最高的摩天大楼的高度:

541 米 — 世贸中心一号楼

纽约在20世纪20年代的人口数:约 **5 600 000** 人

纽约如今的人口数:约 **8 600 000** 人

柏林

1964 年

第二次世界大战结束时，德国的首都柏林成了一座被割裂的城市。城内的某些区域作为联邦德国的一部分，处于英国、法国和美国的掌控之下；余下的区域则由苏联控制，成为民主德国的一部分。为了阻止人们相互往来，一道名为"柏林墙"的围墙被修建起来。柏林墙成了隔在西方国家和苏联之间的那道"铁幕"的象征。

国会大厦

这座建筑在20世纪30年代的一场纵火案中被烧毁，又在第二次世界大战后遭到废弃。1960年，这座建筑被部分重建。但直到1990年，当德国重获统一之后，它才重新成为政府所在地。

柏林动物园

这个大名鼎鼎的动物园于1844年向公众开放。

勃兰登堡门

勃兰登堡门建于1788年至1791年。它曾在许多重大历史事件中充当背景，如今已成为欧洲团结与和平的一个重要象征。

威廉皇帝纪念教堂

这座教堂是柏林最著名的地标之一。它在第二次世界大战中被炸弹炸毁。教堂的主体部分后来被重建，但老教堂受损的尖顶作为这场战争的历史见证被保留了下来。

哈弗尔河

死亡地带

柏林墙东西两侧之间的一个空旷而暴露的区域。卫兵能够轻易地发现并拦截任何试图逃跑的人。

布拉沃检查站

西柏林和民主德国之间的主要公路过境处。

柏林墙

这是隔绝东柏林和西柏林的一道屏障，它阻止了人们跨越边界。沿墙设有观察塔楼，并由配备机枪的卫兵把守。

东柏林
西柏林

北 东北
西北 东
西 东南
西南 南

法国占领区

蒂尔加滕公园

柏林的中央公园。它从勃兰登堡门一路向西延伸。公园内有柏林动物园和柏林胜利纪念柱。

亚历山大广场

一个大型公共广场。

夏洛滕堡宫

这座皇家宫殿始建于1695年，因其装饰奇特的房间而闻名。

即将离开美国占领区

施普雷河

英国占领区

查理检查站

这是西柏林和民主德国之间的主要过境站。它成了苏联和西方国家之间"冷战"的象征。

美国占领区

卡尔·马克思大道

一条约2千米长的购物大道。道路两旁有商店、酒吧、餐馆和一座巨大的电影院。它是民主德国的重要建筑工程。

滕珀尔霍夫机场

这座机场曾是西柏林的中央机场。它也是著名的"柏林空运"行动的发生地。在那场行动中，美、英对苏占区实施交通和贸易限制，向西柏林空运物资。

苏联占领区

一座被割裂的城市

柏林墙长154千米，高度超过3米。在民主德国一侧距离主墙100米处，还建有与主墙完全平行的第二道围墙。两堵墙之间的建筑统统被拆毁，只留下一片平坦的荒地，被称为"死亡地带"。这片空地使卫兵可以不受阻碍地开枪击中任何进入这个区域的人。空地表面铺着沙子或碎石，使脚印更容易被发现。为了防止人们越界，围墙之外还挖了壕沟。

93

柏林

数字档案

1961年至1989年间尝试越过柏林墙的人数：
约 **100 000** 人

最终成功的人数：
约 **8 000** 人

柏林在1964年的人口数：
约 **3 200 000** 人

柏林如今的人口数：
约 **3 600 000** 人

柏林的生活

柏林是一座独特的城市，城市的控制权曾一度被英、法、美和苏联分别掌控。在美国和苏联的长期较量（被称为"冷战"）中，柏林是一个重要的边界。正是由于这一点，许多以惊险间谍故事为主题的书籍、电影和电视剧都把背景设在了柏林。

翻越柏林墙

人们想出了许多巧妙的和不够巧妙的方法，尝试越过隔离墙。早期，一些人从隔离墙旁边的高楼里纵身跳到墙的另一侧，另一些人则在隔离墙下方挖了长长的地道，少数人甚至拉起金属线，从墙的一侧滑到另一侧。有个名叫沃尔夫冈·恩格斯的人胆子更大，他偷了一辆装甲运兵车，试图驾车冲破隔离墙。那辆车最终被撞坏，他本人被卫兵开枪击中，但还是活了下来。

哈里·德特林

出走

柏林墙建成几个月后，一个叫哈里·德特林的铁路工人发现了一条通往西柏林的废弃铁轨。哈里把家人、朋友领进一列火车，于1961年12月5日开着这列火车驶向西柏林。受惊的卫兵四散躲开，哈里一行人则成功抵达西柏林。第二天，民主德国就封锁了这条线路。

"柏林空运"行动

1948年，苏联切断了西柏林与西方占领区只见的水陆交通，导致食物、燃料和其他物资无法运达西柏林。西柏林的粮食储备只够维系36天。美国、英国以空前规模的空运行动做出了回应——用飞机将物资直接运到滕珀尔霍夫机场。在此次空运行动的最高峰，平均每30秒就有一架飞机抵达。一名飞行员还将糖果吊在迷你降落伞上抛给城里的儿童，他因此被称为"柏林糖果投弹手"。美国、英国持续向西柏林提供食物，苏联则在近一年后结束了对西柏林的封锁。

与墙共存的生活

柏林墙不仅割裂了柏林这座城市，还将一些人与自己的家人和朋友分隔两地。墙两边的生活方式差别很大。在城市的西部，商店里有从西方国家进口的食物和商品出售，而在属于民主德国的区域，消费者购物时的选择要少得多，公共场合还禁止播放摇滚乐。

一个时代的终结

20世纪80年代末，在将柏林这座城市割裂了近30年之后，柏林墙终于"倒塌"了。

旧金山

旧金山是一座因当地文化和永不言弃的态度而闻名于世的现代城市。它背靠美丽的旧金山湾区，还以有轨电车、城中山丘、夏季大雾和令人叹为观止的金门大桥而闻名。湾区还是美国的科技中心硅谷的所在地，引领着未来科技的发展方向。

21 世纪初

金门国家休闲区
世界上最大、参观人数最多的城市公园之一。

太平洋
地球上最大和最深的大洋。

旧金山湾

圣安德烈亚斯断层

圣安德烈亚斯断层
旧金山附近的地震断层线。旧金山经常发生小型地震，强度大得多的地震则大约每100年发生一次。根据这个频率计算，这次的大地震迟到了。

硅谷
位于旧金山南部的硅谷是美国的科技中心。

脸书公司总部
脸书公司的总部设在旧金山附近的门洛帕克市。

加利福尼亚红杉
这些常青树属于地球上最高、最古老的树种之一。

谷歌公司总部
跨国科技公司谷歌的总部设在旧金山附近的山景城。

苹果公司总部
苹果公司的总部设在旧金山附近的库比蒂诺市。由于设计新潮，它还有个绰号叫"宇宙飞船"。甜甜圈造型的中央是一个公园。

湾区地带

日落区

金门大桥

世界上最有名、被拍照次数最多的悬索桥。它于1937年通车。主桥的跨度为1280米，桥塔高出海湾水面227米。

旧金山湾

阿尔卡特拉兹岛

这里曾是阿尔卡特拉兹联邦监狱的所在地。阿尔卡特拉兹联邦监狱是世界上监管最森严的监狱之一，已于1963年关闭。这座岛屿现在是一个博物馆。

加利福尼亚州最重要的生态栖息地之一。这里生活着许多种野生动物。

金银岛

这座人工岛屿通过一条270米长的地峡与芳草地岛相连。

渔人码头

一个著名的旅游景点，设有博物馆、商店、酒吧和餐馆。

普雷西迪奥国家公园

这个公园过去是一座军事要塞。公园内有树林、山丘，还能欣赏到美丽的风景。

俄罗斯山和诺布山

旧金山众多山丘中的两座。从这两座山上可以俯瞰城市和海湾的美丽景色。

金融区

这个区域有许多知名银行的总部。

缆车

旧金山有许多小山丘。缆车为人们上山下山提供了便利。

中国城

这个格外热门的旅游景点，历史可以追溯至1850年。中国城的街道两旁有成排的中式屋顶和灯笼。

"彩妆女士"

一排五彩缤纷的维多利亚式风格建筑。

海特—阿什伯里区

布埃纳维斯塔公园

金门公园

卡斯特罗区

教会区

在将这个地区命名为"教会区"的西班牙传教士到来之前，这里是奥隆人的家园（这个部族生活在旧金山湾区的大部分地区）。

旧金山的生活

20世纪60年代，旧金山这座城市是嬉皮士反主流文化运动发端的中心，此外，它还为和平运动做出过贡献。不过，像大多数大城市一样，旧金山也存在许多人无家可归、贫富差距过大的问题。

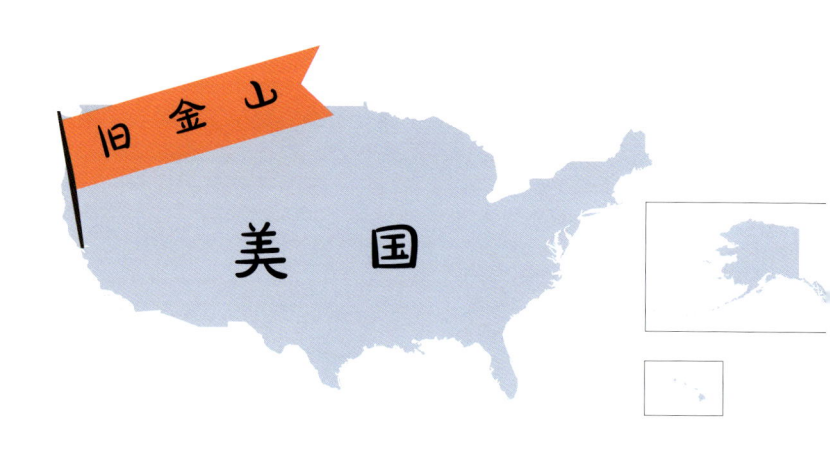

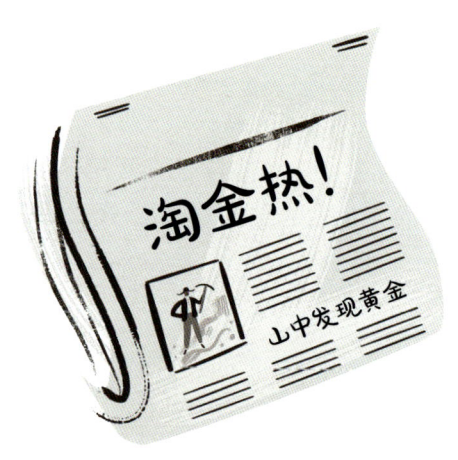

淘金热

早期，旧金山的人口数因加利福尼亚淘金热而迅速增长。人们从世界各地来到这里，希望能挖到黄金，迅速致富。从1848年到1849年年底，旧金山的人口数从1000人跃升至20 000人，许多奥隆人被迫离开了自己的家园。对黄金的贪欲是如此强烈，以至于数百条船被遗弃在港口，因为它们的船员都冲到山里寻宝去了！其中一些船只在最终腐烂和沉没之前，还被改造成了水上酒吧和水上旅馆。

地震、死亡和破坏！

旧金山建在圣安德烈亚斯断层附近。这里刚好是两个地壳板块"擦肩而过"的地方，所以经常会发生轻微的地震。1906年4月18日，这座繁荣的城市遭遇了一次大地震。地面剧烈晃动，震坏了城里的建筑，许多建筑物变为废墟。

为了阻止地震引发的大火在受损的建筑物中蔓延，人们尝试用火药将楼房整栋整栋地炸毁，以形成阻断火势的隔离带。不幸的是，爆炸引发了许多新的火灾，使情况变得更糟。城市燃烧了3天，3 000多人失去了生命，超过25万人无家可归。不过，重建家园的行动很快展开，一栋栋更安全的新建筑不久便从废墟中拔地而起。

高科技产业区

硅谷位于旧金山湾区的南部,因互联网和科技公司而闻名全球。

世界上知名的大公司中,有许多都坐落在旧金山及其附近,包括大名鼎鼎的苹果、脸书、谷歌、奈飞、贝宝、推特和其他许多知名公司。除了庞大的跨国公司,这个地区还有大量规模较小的新公司,它们都期望通过出售自己的新技术获得光明的未来。

巨树传奇

旧金山湾区生长着地球上最神奇的树种之一——红杉。这些自然界中的"巨人"可以长到100多米高,是世界上最高的树木。这里的一些海岸红杉被证明已有2 000多岁。它们过去被当作木材砍伐,如今,未遭砍伐的红杉已在国家公园里被保护起来。

环保之路

旧金山是一个重视环境问题的城市。它在环保和太阳能利用等方面经常处于领先地位,城市的公园和绿地也备受赞誉。浅水的旧金山湾曾被捕鱼业和污染破坏了脆弱的生态系统。现在,人们已经将海湾保护起来,以帮助它恢复。

旧金山数字档案

城内山丘的数量:
40多座

城市最低点的海拔:
0米

城市最高点的海拔:
约**283**米 戴维森山

旧金山在1906年的地震和火灾中被毁的城市面积比例:
约**80%**

旧金山如今的人口数:
约**880 000**人

东京

今天

东京最初是个小渔村，现在已经发展成为日本繁忙而缤纷的首都。这是一个充满对比的城市，亮着霓虹灯的玻璃幕墙摩天大楼与古老的神社木建筑比肩而立。如今，东京首都圈的居民人数超过世界上的任何其他都市圈。

学园蚕茧大厦

东京都政府大楼
政府在此治理面积广大的东京都地区。

新宿站
世界上最繁忙的车站之一。新宿的火车站和地铁站都设有专门的"推手"，这些人的任务是在高峰时段将乘客推进拥挤的车厢。

皇居
日本天皇的住所。宫殿建筑坐落在美丽的花园中，其中包括始建于1457年的江户时代城堡。

明治神宫
神道教是日本的主要宗教之一。明治神宫是一处神道教祭祀场所。

新宿御苑
这里有1 500多棵樱花树。每年春天都会有很多人聚在这里赏樱。

冰山大楼

增上寺

东京塔
这座塔建于1958年，是受巴黎埃菲尔铁塔的启发而建的。经历2011年的大地震后，塔顶略微有些弯曲。

涩谷十字路口
在高峰时段，每时每刻都可能有2 500人在同时穿越这个路口！

港区

富士山
← 向西南99千米

富士山是日本最高的山，而且是一座活火山。它最近一次喷发是在1707年。

上野公园
这里有许多博物馆、美术馆、寺院、神社,还有一个动物园。

浅草寺
东京最古老的佛寺,始建于近1400年前。

东京晴空塔
它有634米高,是世界第一高塔。

墨田区

秋叶原
这个地区因电子游戏和动漫而闻名。

日本银行

银座
东京著名的购物区。

日本的中心
东京首都圈面积辽阔,是世界特大城市之一。东京位于日本最大的岛屿本州岛上。

千代田区

中央区
东京23区的中心。在工作日,这个地区平均每平方千米有6万多人!

旧滨离宫庭园

东京23区
东京的中心区域被划分为23个"特别区"。

彩虹桥

筑地市场
这里曾是世界上最大的海鲜市场的所在地。

东京湾

东京的生活

虽然在过去的100年中，东京曾两度被摧毁，又两度从废墟中站了起来，但它现在仍是地球上最现代化、高层建筑最多的城市之一。白天，高楼大厦的玻璃外墙在日光下熠熠生辉；夜晚，整座城市被璀璨的灯光点亮。

日本 | 东京

从小渔村到大都市

东京最初是个叫作江户的小渔村，到1721年时，它已成为世界上最大的城市之一，居民人数超过100万。1868年，明治天皇把日本的都城从京都迁到这里，并将新都城的名字由江户改为东京。

这座城市在20世纪时曾两度变为废墟。1923年，它在一次地震中被毁。第二次世界大战期间，它遭到了猛烈的轰炸。不过，到20世纪60年代时，东京已成为居民人数突破1000万的城市。

卡哇伊

"卡哇伊"是"萌"或"可爱"的意思。不过，在日本，它是一种生活方式。从甜甜圈到户外运动背包，一切都可以是"卡哇伊"的。东京有一些卡哇伊主题的商店和咖啡店，专门提供可爱的商品，店里满是色彩明艳的小动物、动漫角色等形象的玩偶。

东京数字档案

东京首都圈的面积：约 **13 000** 平方千米

东京首都圈人口数量占日本人口总数的百分比：**25%**

名字的意义

根据传统，日本人会在婴儿出生7天时举办一个仪式，并在仪式上给婴儿取名字。在日本，大受欢迎的名字有"花"（女孩名）和"大翔"（男孩名）等。不过，日本人的名字非常复杂，因为写法一样的名字可以有不同的读音。在婴儿的第一个生日，人们会让婴儿手拿一块特殊的米糕，上面写着他们的名字，象征着永远健康快乐，衣食无忧。

你好 我的名字叫
大　翔

★ 著名人士 ★

宫崎骏是一名作家、动画制作人、漫画家，他制作的动画片风靡全球。他出生在东京，如今仍然居住在那里，他的动画工作室——吉卜力工作室也设立在这座城市。

宫崎骏

地震和火山喷发

日本位于板块的边界，因此地震和火山活动都十分频繁。事实上，日本的众多岛屿就是火山喷发形成的。富士山是一座活火山，但已经有几百年没喷发了。

地震始终威胁着日本。新建的楼房都被要求具备抗震性能，而且人人都知道地面开始晃动时该如何应对。儿童在学校里会进行地震演习。演习期间，他们会戴上防护帽，躲到自己的课桌底下。日本最近一次大地震发生在2011年，震中位置就在日本东北部海岸附近。

东京中心区的人口数：
约 **9 200 000** 人

东京首都圈的人口数：
约 **38 000 000** 人

今天的城市

几千年前，最早出现的一批城市将大量人口聚集在一起，帮助人们通过共享资源来生存。从那时起，城市逐渐发展成了令人兴奋的生活场所。人们被吸引到城市之中，因为这里有很多的工作机会和丰富多彩的活动。如今，世界各地的城市诞生了人类的最高成就，但同时也将人类的许多弱点暴露出来。

在过去的10 000年里，越来越多的人来到城市生活。到1800年时，每100个人中大约有7个生活在城市。今天，超过半数的人在城市里生活。据估计，到2050年时，世界上每3个人中大概就有2个是城市居民。

汽车引发的问题

在维持当今城市运转的轿车、公交车和卡车中，有许多是靠燃料能源驱动的，这些化石燃料会向大气中排放二氧化碳。这种生活方式产生的额外的二氧化碳正在引发气候变化。全球气温正在升高，导致南北两极的冰川融化，海平面上升，极端恶劣的天气增加。

耗能大户

城市只占据了地球上不到2%的土地，却消耗了超过三分之二的能源，城市产生的二氧化碳占整个地球二氧化碳排放总量的70%以上。无论现在还是未来，为了对抗全球变暖，城市都需要做出改变。

正在消失的岛屿

许多城市还面临海平面上升的威胁。处境最危险的可能是马尔代夫的首都马累。马尔代夫是印度洋中一个由1000多个岛屿组成的国家。马尔代夫海拔最高的岛屿只比海平面高出2米多。人们正在马累附近建一座新的岛屿。他们从海底抽沙，在水下的珊瑚平台上造出地基，再在上面建造新岛，并用3米高的围墙围护。

可能会被淹没的城市

随着海平面的上升，世界上有许多城市可能会被淹没。这些城市中包括中国的上海、美国的迈阿密、意大利的威尼斯、巴西的里约热内卢、孟加拉国的达卡、印度尼西亚的雅加达和尼日利亚的拉各斯。

永无止境的扩张

不断扩张的城市还会导致植被的减少和动物生活空间的缩小，因为越来越多的建筑正在挤占自然的空间。

未来的城市

好消息是，人们正在思考如何应对气候变化，如何为动植物的繁殖和生长创造条件，以及如何减少大气污染。

更好的城市绿化

植物会吸收空气中的二氧化碳，所以做好城市绿化非常重要。在中国南部，新的森林城市柳州被数万棵树木和近百万株其他植物覆盖。被称为"花园城市"的城市岛国新加坡规定，所有新建筑必须以垂直花园和绿色屋顶的形式，使植物成为建筑物的一部分。假如你想在美国的洛杉矶种一棵树，那座城市将会替你出钱。

更依靠可再生能源

城市可以从阳光、水、风或海浪中获取能源，并用这些能源代替化石燃料，因为利用它们发电不会增加大气中的二氧化碳。目前，美国科罗拉多州的阿斯彭市和佛蒙特州的伯林顿市以及冰岛全国都已经完全靠可再生能源发电。

更环保的出行方式

可靠、廉价、节能的公共交通可以使人们更少地乘坐以汽油和柴油为燃料的私人汽车出行。最终，电动汽车将取代使用化石燃料的燃油汽车。此外，比起私家汽车，公交车和轨道交通更节约燃料。

更智能化的城市技术

通过在建筑物和公共场所应用智能技术，我们可以大大提升城市的节能程度。比方说，安装当附近有人经过时才会亮起的路灯或当有人踏上去时才会开始移动的自动扶梯。

光明的未来

在未来，城市居民或许会借助太阳能喷气式背包或超级节能的智能舱去上学或上班，动物或许可以在专门设计的覆盖着植物的建筑物上安家。有了"用心"和"耐心"，未来的城市就能助我们一臂之力，将我们的世界变得更美好、更清洁、更环保、更包容。

词语表

阿拔斯王朝 在750年至1258年间以巴格达为首都的阿拉伯帝国王朝。

盎格鲁-撒克逊人 5—6世纪，古代日耳曼人中的盎格鲁、撒克逊等部落从欧洲大陆移居大不列颠岛，于7—10世纪融合成盎格鲁-撒克逊人，并逐渐形成近代英格兰民族。

巴扎 波斯语音译，意为集市或商业街区。

兵工厂 制造武器装备的工厂。

城邦 本书中指约公元前8世纪开始在古希腊形成的大批城市国家，通常由一个城市中心和周围的村社构成。

吃水线 吃水指船体在水面以下的深度，吃水线是在船身上标出的水平安全线。当船只超载，吃水线位于水面以下时，就会有沉船的危险。

第二次世界大战 1939-1945年，法西斯国家德国、意大利、日本发动的世界战争。

东京首都圈 日本以首都东京为中心的城市群，包括东京都、神奈川县、千叶县、埼玉县等地。

泛滥平原 也叫"河漫滩平原"，指河水泛滥所携带的泥沙堆积在河床两侧的河漫滩，经过反复堆积和冲刷后形成的平原区域，通常土壤肥沃，适合耕种。

佛教 世界三大宗教之一，由悉达多·乔答摩（即释迦牟尼）所创。

哈里发 指中世纪政教合一的阿拉伯国家和奥斯曼帝国的统治者。

合金 通常指由金属和其他金属或非金属熔合而成的、具有金属特性的物质。

角斗士 古罗马专门从事格斗或斗兽表演的奴隶。

冷战 通常特指第二次世界大战后，西方国家与社会主义国家之间的对抗状态。

摩尔人 泛称公元8-13世纪从非洲西部进入并统治伊比利亚半岛的柏柏尔人和阿拉伯人。

内战 一个国家内部的战争。

农奴 封建社会中依附于农奴主的农业生产者，他们没有土地，世代向农奴主缴纳地租，并承担无偿劳役。

毗首羯摩天 印度教中擅长建造城池、制作精巧器具的神明，在佛教中被视为保护神。

贫民窟 指城市中贫苦人聚居的地方，通常住房条件极差，生活环境恶劣。

神龛 供奉神像或祖宗牌位的小阁子。

神社 日本神道教用来祭神或参拜神明的场所。

生态系统 指生物群落中的各种生物之间，以及生物和周围环境之间相互作用构成的整个体系。

施食点 为无家可归或非常贫困的人免费提供食物的地方。

水道桥 古罗马人为供应生活用水而建造的大型引水渠道。

天花 一种由天花病毒引起的烈性传染病。

土著人 指世代居住在某地的人。

潟湖 浅水海湾因湾口被淤积的泥沙封闭形成的湖。

献祭 古代为取悦神灵而杀掉动物或人当祭品的仪式。

修道院 天主教培育神职人员的宗教学校。

宣礼塔 伊斯兰教清真寺中用于召唤信众做礼拜的塔形建筑物。

移民 离开原居住地迁往某一地区永久定居的人。

因陀罗神 也称"帝释天"，印度教天神之首。

运河 人工开凿的通航水道，用来沟通不同的河流、湖泊等水域，缩短运输线路。

证券交易所 有组织地进行集中证券交易的场所。

殖民地 指一个国家在国外所侵占并大量移民的地区，殖民地没有主权和独立，在政治和经济上完全由宗主国支配。

智能舱 未来的一种环保高效、能自动驾驶的交通工具。每个单独的智能舱都与计算机系统相连，由系统统一操控，智能舱之间能够自由连接和分离，以实现快速换乘，减少交通拥堵和交通事故。

中东 泛指连接西亚、北非及欧洲，从地中海到波斯湾的大片地区。

致谢

感谢八卦乌鸦出版社的凯特·威尔逊、蕾切尔·凯莱哈、霍莉·菲利普斯、蒂娜·加西亚、伊丽莎白·詹纳、蒂根·埃文斯和索菲·班克斯为本书的出版做出的贡献，感谢米兰达·贝克的出色校对。此外，要感谢大英博物馆学识渊博、乐于助人的策展人和编辑团队，感谢他们（尤其是贝萨妮·霍姆斯和克劳迪娅·布洛克）的辛勤劳动和精彩创意。最后，还要感谢旧金山历史学会的西蒙娜·费尔顿，你们为这本书做出了巨大贡献。